Beziehungskunst – Führungskunst – Spiritualität

Dr. Chuck Spezzano
Lency Spezzano

Beziehungskunst
Führungskunst
Spiritualität

Die überraschenden Prinzipien
von Psychologie der Vision

Aus dem Englischen
von Wulfing von Rohr

Integral

Integral Verlag
Integral ist ein Verlag des Verlagshauses
Ullstein Heyne List GmbH & Co. KG

ISBN 3-7787-9116-8

Der Titel des Originals lautet
It's Never too Late to Have a Happy Childhood.
 Printed in Germany.
Umschlaggestaltung: Hauptmann und Kampa Werbeagentur
München – Zürich, unter Verwendung einer Illustration
von Agentur Walter Holl/Garland
Gesetzt aus der Sabon und Souvenier bei
Franzis print & media, München
Druck und Bindung: Clausen & Bosse, Leck

Für unsere Kinder – Christopher und J'aime –
und für unsere Eltern Peter und Katherine sowie
Karl und Enid

In tiefer Dankbarkeit und Anerkennung

Inhalt

Einführung

Die *Psychologie der Vision* war nicht als eine neue Theorie oder Psychologieschule gestartet, sondern als eine Reihe verblüffender Prinzipien und Methoden, die sich bei der nachhaltigen Heilung von Leiden und Schmerzen der Menschen immer wieder als wirkungsvoll erwiesen. Die *Psychologie der Vision* begann als eine Serie inspirierender Entdeckungen, die einen Weg über die gegenwärtigen Formen und Methoden der Psychotherapie hinauswiesen zu einem neuen, in seiner Wirksamkeit nachprüfbaren, transpersonalen Therapiemodell.

Die *Psychologie der Vision* baut auf drei Hauptelementen auf: Beziehungskunst, Führungskunst und Spiritualität.

Beziehungen sind die wichtigsten Bausteine deiner Wirklichkeit: Ob du Erfolg hast oder versagst, ob du glücklich oder in Konflikten gefangen bist, ob du dich natürlich entwickelst oder dich in deinem Leben blockiert und gefangen fühlst – all das spiegelt den Zustand deiner Beziehungen wider. Es gibt im Leben kein Problem, das nicht ein Beziehungsproblem ist.

Führungskunst bedeutet Sensibilität gegenüber denen, die deiner Hilfe bedürfen, und die Fähigkeit, dich auf sie einzulassen. Indem du dich mit deiner Führungsqualität engagierst, transzendierst du all die Formen des Selbstangriffs, des Selbstzweifels und der Probleme, die dein Ego entworfen hat, um dich zu begrenzen und dich in deinem Leben zurückzuhalten, alles im Bestreben, sich selbst zu stärken.

Spiritualität ist der Prozess, in dessen Verlauf du dich als *spirit* wahrnimmst und erkennst, dass deine wahre Identität göttlicher Geist ist. In diesem Prozess ist es nur natürlich, dass du Materielles beiseite lässt, um nachhaltige Ziele wie Liebe, Glück, Integrität, Kraft, Heilung, Vision und Einheit zu erreichen.

Die *Psychologie der Vision* stellt Lebensaufgabe und Liebe in den Mittelpunkt. Sie verwendet ein schöpferisch-heilendes Arsenal an Therapiemethoden und bekräftigt zugleich, dass du dann Erfüllung findest, wenn du deine Lebensabsicht erfährst und lebst und sowohl dich selbst liebst als auch andere und Gott. Dein Lebenssinn besteht in dem Versprechen deiner Seele, glücklich zu sein, und darin, dich selbst zu heilen, um dein individuelles Glück zu manifestieren, um der Welt auf eine ganz spezielle Weise zu helfen, um jenen besonderen Beitrag zu leisten, den nur du leisten kannst. Liebe heilt und ist zugleich selbst das Ziel. Liebe verbindet dich mit dir und mit deinem Selbst und – wie du es in der Beseeltheit erfahren kannst – sie bewirkt deine mystische Beziehung zum Göttlichen. Die Folge davon, wenn du deiner Absicht entsprechend lebst, ist die größere Erkenntnis, dass Liebe und Licht deine höchste Wirklichkeit sind.

Die *Psychologie der Vision* hat eine Landkarte der Entwicklung gezeichnet, welche die Stadien aufzeigt, die von Individuen, Paaren, Organisationen und Ländern in ihrer jeweiligen Entfaltung durchlaufen werden. Dieses Modell weist auf die Herausforderungen und die Fallen in jedem Stadium hin und gibt Anleitung, wie man zum nächsten Wachstumsschritt kommt.

Die *Psychologie der Vision* verwendet Elemente der Gestalttherapie, der Hypnotherapie, des NLP, des Schamanismus und der Mystik. Sie entstand jedoch vor allem durch die Inspiration während zahlreicher Therapiesitzungen und Heilungserfahrungen und, wie bereits erwähnt, aus Anregungen aus dem *Kurs in Wundern*. All dies bestätigte das Therapiemodell und vertiefte seine Aussagekraft.

Die *Psychologie der Vision* ist, so könnte man sagen, eine geglückte und glückliche Verbindung von Psychotherapie und Spiritualität, die sich immer lebendiger entfaltet und sich als ein Pioniermodell an den Grenzen der bisherigen Therapieansätze kraftvoll weiterentwickelt.

Wir leben in einer Zeit, in der sich die meisten Menschen in sinnlosen Beschäftigungen verlieren und sich nicht in der Lage sehen, ihr Leben zu verbessern oder die Welt zu verändern. Die *Psychologie der Vision* befreit dich – sie hilft dir, deine Probleme und Ängste zu transzendieren, so dass du verstehst, wie sich dein eigenes Leben entfaltet, während du die Kraft erlangst, auch anderen zu helfen. Sie belebt dein Herz und macht es wieder ganz, was die Grundlage dafür ist, zu fühlen, Sinn zu finden, zu lieben, sich zu erfreuen, eine Vision zu entwickeln und helfen zu können.

Die *Psychologie der Vision* ist »der Pfad, auf dem Freunde Freunden helfen«. Nicht nur dein eigenes Leben macht einen Sprung nach vorn, sondern die ganze Welt beginnt dein Partner zu werden.

Die *Psychologie der Vision* bewegt sich frei zwischen deinem Bewusstsein, in dem dich deine Entscheidungsfreiheit leiten und erlösen kann, und deinem Unterbewusstsein, in dem Familien- und Beziehungsmuster und andere Aspekte deines aufgespaltenen Bewusstseins begraben sind. Sie richtet sich ebenfalls auf dein Unbewusstes beziehungsweise auf dein Seelenbewusstsein, um die Hauptmuster zu heilen, die dich festhalten, und um deine Talente auf der Seelenebene zu offenbaren. So erkennst du dich schließlich als Geist, als Teil des allumfassenden Geistes, so wohnt deine Kraft in der Liebe und dem Licht der Ewigkeit.

Die *Psychologie der Vision* ist ein Weg der Heilung, der zeigt, wie man sich von den Zwängen des herrschenden Zeitgeistes und aus dessen gegenwärtig bestehenden Fallen des Burnout, der Rollenspiele, der Aufopferungshaltungen, des Gefühls der Leblosigkeit und den Neigungen befreit, im jetzigen Zustand zu verharren und einfach so weiterzumachen. Die *Psychologie der Vision* weist den Weg der Partnerschaft, der Ebenbürtigkeit, der Wertschätzung des Weiblichen und der Ethik einer weltumspannenden Freundschaft.

Die *Psychologie der Vision* ist ein Heilungsabenteuer, das das Lernen von vielem Neuen, Verlernen von manchem Alten und größeren Erfolg mit sich bringt, während es deine Beziehungsfähigkeit, deine Leichtigkeit und die Fähigkeit stärkt, sowohl zu geben als auch zu empfangen. Immer wieder wird sie sich als ein Therapiemodell erweisen, das einen Ausweg aus derzeitigen Fallen und Zuständen der Leblosigkeit zeigt und dir zu einer Wiedergeburt verhilft.

Psychologie ist in ihrer tiefsten Bedeutung die Erforschung der Seele. Genau aus diesem Grund bedient sich die *Psychologie der Vision* einer Verbindung psychologischer Methoden mit der Kraft der spirituellen Gnade, die für, in und durch jeden Menschen wirken kann, um ihm eine neue Lebensweise anzubieten. Sie kann dich deine großartige innere Kraft entdecken lassen und sie nutzbar machen, in dem Maße, wie du die Gaben, die hinter jedem deiner Probleme verborgen sind, annimmst. Sie kann dich über die Fallen hinausführen und sogar über das Muster der »Problemlösung als Lebensweg«, hinein in ein Leben der Kreativität und Vision.

Schließlich bietet dir die *Psychologie der Vision* eine Chance, auf fühlbare, deutliche Weise selbst zu erfahren, dass Gott dich ganz und gar liebt, genau so, wie du bist. Es gibt nichts, was du tun oder verändern musst, um diese Liebe zu verdienen; sie ist einfach das Wesen deiner Beziehung zu Gott. Die Bewusstheit darüber gewinnst du dabei nicht nur für dich selbst, sondern du lernst auch die Mittel kennen, die dir helfen, diese Erkenntnisse und Erfahrungen anderen mitzuteilen – durch deine eigene liebevolle Akzeptanz und durch Selbsterkenntnis.

Ablehnung

Wusstest du, dass jede Ablehnung, die du gegenwärtig erleidest, das Wiedererleben einer alten Ablehnung darstellt?

Die Ablehnung, die du jetzt erfährst, ist Teil eines Musters von Verletzung und Attacken auf das Herz, die schon lange existieren. Sie hat ihre Wurzeln in einem Missverständnis und du wirst sie weiter mit dir herumtragen, bis du ihre Lektion gelernt hast.

Wenn dir als Erwachsener das Herz bricht, ist das eine Wiederholung einer früheren Verletzung der gleichen Art, die dir als Kind zugefügt wurden. Der wesentliche Sinn dieser frühen Brüche in deinem Herzen bestand darin, dass er dir eine Entschuldigung dafür lieferte, getrennt zu sein, überlegen und unabhängig. Leider hat das ein schmerzliches Muster von Verletzungen in Gang gesetzt, das dich hin- und herwirft zwischen den beiden Verhaltensweisen, abhängig zu agieren (was weitere Wunden in deinem Herzen verursacht) und unabhängig zu handeln (was dazu führt, dass du einsam bist oder die Herzen anderer verletzt). Wenn du dieses Muster heilst, machst du einen Sprung nach vorn in deinen Beziehungen und wirst in bester Weise unwiderstehlich.

Abwehrmechanismen

Wusstest du, dass du deine schlechten Emotionen nicht loswerden kannst, indem du sie aussperrst? Du unterdrückst und verdrängst deine emotionalen Themen und Konflikte und würdest sie gern aus deinem Alltagsbewusstsein hinauswerfen, du möchtest so tun, als ob es sie gar nicht gäbe. Du möchtest deine unangenehmen Gefühle und die Spaltungen in deinem Bewusstsein loswerden, ohne ihre Wirkungen spüren zu müssen. Das jedoch ist unmöglich. Wenn du dich weigerst, deine Konflikte und die negativen Emotionen, die auf sie hinweisen, in ihrer Existenz anzuerkennen, bleiben dir nur noch Abwehrmechanismen, die die Konflikte aus dem Blickfeld deines Alltagsbewusstseins verbannen.

Projektion ist zum Beispiel ein klassischer Abwehrmechanismus, der dich nicht nur vergessen lässt, dass du ein offenes Thema in dir trägst, sondern der dich dieses Problem auf eine andere Person oder Gruppe projizieren lässt. Damit wird das Thema als weit von dir entfernt dargestellt. So scheint es, als sei es nicht dein, sondern das Problem der anderen. Dann verurteilst du jene, auf die du es projiziert hast, und greifst sie an. Du fühlst dich doppelt sicher, weil du die eigene Wunde versteckt hast.

Ein strittiges Thema wird in deine bewusste Wahrnehmung gerückt, um geheilt zu werden. Dabei erfährst du die Schichten von Abwehrmechanismen, die du in dir aufgebaut hast, um die mit diesem Thema verbundenen Gefühle unter Kontrolle zu halten. Diese Abwehrschichten musst du nun zusammen mit den unterdrückten Emotionen in dein Bewusstsein dringen lassen.

Brennen (was bedeutet, sich bewusst dafür zu entscheiden, das wirklich zu spüren, was gerade erlebbar ist) ist ein treffender Begriff für den Vorgang, den ein Thema erfährt, während es den Transformationsprozess durch die Chakras, die Energiezentren des Menschen, durchläuft. Wenn du ein negatives Gefühl mit der Absicht, es zu heilen, erlebst, schmilzt oder verbrennt es und lässt nur das übrig, was positiv ist. Mit deinen Abwehrmechanismen kannst du genauso verfahren. Da sie aus demselben inneren Material bestehen wie deine Emotionen, reagieren sie auch auf dieselbe Art und können auf ähnliche Weise bearbeitet werden.

Indem du einem emotionalen Thema deine bewusste Aufmerksamkeit zuwendest, wird es durch deine Chakras freigesetzt. Wenn du deine Aufmerksamkeit auf einen Abwehrmechanismus richtest, wird er auf dieselbe Weise gelöst.

Beispiele für typische Abwehrmechanismen, die sich schichtweise zwischen deinen Emotionen zeigen, sind Gefühle der Getrenntheit oder Ablenkung, der Taubheit, Leblosigkeit, Schläfrigkeit, des Ärgers oder Zorns. Wenn du eine extrem starke Verteidigungsstrategie gegen ein bestimmtes Thema nutzt, kann dein Widerstand dagegen, die Emotion zu spüren, so stark werden, dass du bewusstlos wirst oder einschläfst. Falls das passiert, musst du deine bewusste Aufmerksamkeit erneut auf das anstehende Thema richten, damit die Verarbeitung weitergeht.

Jedes Thema hat mehrere Schichten von Emotion und Abwehr übereinander. Wenn du zum Beispiel durch das Thema der Hilflosigkeit »brennst«, beginnt das vielleicht mit einer Schicht von Trauer, dann einer Schicht von Ohnmacht, dann könnte eine Schicht von Leblosigkeit folgen, die sich später in Wut verwandelt, worunter womöglich eine weitere Schicht von Trauer liegt, und so fort. Eine Schicht führt zur nächsten. Dabei löst eigentlich jede dieser Schichten Einsichten und Erinnerungen aus.

Wenn du ein Thema vollständig geheilt hast, wirst du damit auch den Schmerz aller Ereignisse geheilt haben, in denen dieses Thema eine Rolle spielte. Das ist so, weil jeder Schmerz, der sich auf ein bestimmtes Thema bezieht, bei dir im Inneren in derselben Datei gespeichert ist, und nacheinander werden alle Ereignisse auftauchen, die damit zusammenhängen, bis das gesamte Thema geklärt ist.

Wie du dir leicht vorstellen kannst, sind manche Themen größer als andere und es dauert länger, sie zu klären. Dennoch können alle Themen geheilt werden, ganz gleich, wie stark die Emotionen sind. Am Ende der Heilung jedes Themas gibt es ein Wunder und der Raum, den das Thema in dir eingenommen hatte, wird ganz von der Gnade der Liebe Gottes erfüllt.

Wusstest du, dass eine negative Emotion vollständig verschwinden wird, wenn du sie ganz angenommen hast? Sie wird dann geheilt sein.

Als Mensch hast du nur eine bestimmte Anzahl an Emotionen zur Verfügung, zum Beispiel Wut, Verletzung, Trauer, Reue, Schuld und Scham. Allerdings steckt darin eine weitaus größere Zahl an offenen Themen. Wenn du um ein bestimmtes Thema herum die Trauer freigibst, wirst du zwar sicherlich sehr viel Trauer begegnen, die auf dem weiteren Weg deiner Heilung gelöst werden muss. Aber du wirst nie mehr jene spezielle Trauer spüren müssen, die jetzt erlebt wird, weil diese nun vollständig geklärt worden ist.

Vielleicht hast du über eine bestimmte Angelegenheit oft geweint und dabei gespürt, dass das nicht hilft. Inzwischen hast du es vielleicht satt, dich damit zu beschäftigen, du möchtest in diese Trauer nicht immer wieder hineingehen. Doch erst, wenn du diese Trauer umfassend angenommen hast, wird sie sich wirklich auflösen.

Wenn du eine Emotion ganz annimmst, entscheidest du dich dafür, sie wirklich zu erfahren – du packst den Stier bei seinen Hörnern und blickst der Situation ins Gesicht. Normalerweise jagt der Stier hinter dir her, so dass du die Spitzen seiner Hörner förmlich spüren kannst. Du aber läufst vor ihm davon, weil du die Hörner nicht fühlen möchtest. Du kannst es schaffen, dass eine unterdrückte emotionale Erfahrung ein ganzes Leben lang existiert, während du vor ihr wegläufst. Du könntest aber auch innerhalb weniger Minuten mit ihr klarkommen, wenn du dich umdrehen und sie anschauen würdest. Du müsstest deinen emotionalen Mut benutzen, um sie zu erleben und damit ihre Heilung abzuschließen. Dann kannst du auf deinem Weg weitergehen. Es gibt kein

Gefühl, das nicht erspürt werden kann, und es gibt nichts, was nicht durch emotionalen Mut und durch Gnade geheilt werden könnte.

Akzeptieren

Wusstest du, dass Akzeptieren eine der leichtesten Heilmethoden ist?

Jedes Problem hält dich auf, zerstreut oder behindert dich. Es einfach zu akzeptieren lässt den Fluss jedoch wieder in Bewegung kommen. Während die Strömung dich vorwärts bringt, löst sich das Problem entweder ganz auf oder fängt an, sich Schicht für Schicht zu entflechten.

Wenn du Akzeptanz ausdrückst, erfährst du dieses gute Gefühl selbst aufs Neue und verdoppelst seine Wirksamkeit. Diese positive Empfindung, die aus dem Geben entsteht, befreit dich von deinem Angriff auf dich selbst, der das Problem überhaupt erst geschaffen hat.

Etwas zu akzeptieren heißt, die positiven Aspekte einer Person, eines Ereignisses oder einer Situation zu entdecken. Es öffnet dich für die Erfahrung von Sinn, Wertschätzung und Freude. Das wiederum wirkt sich positiv auf dich selbst und auf den Menschen oder die Situation aus, die du in ihrem Sosein anerkannt hast. Wenn emotionaler Schmerz oder Hindernisse dich gestoppt haben, wird dich diese Form der Akzeptanz wieder in Bewegung bringen.

Anerkennung

Wusstest du, dass die Anerkennung, die du von deiner Umwelt empfängst, die Anerkennung ist, die du dir selbst und anderen gibst?

Wenn du Anerkennung brauchst, bekommst du sie nie, trotz all der guten Taten, die du vollbringst. Erst wenn du anfängst, andere anzuerkennen und deiner Umwelt in ehrlicher Wertschätzung entgegenzutreten, beginnst du, sie selbst auch zu empfangen. Die Anerkennung, die du gibst, öffnet dich, sie auch wieder zu empfangen. Die Anerkennung andererseits, die du verlangst oder nimmst, wird zu einer zwecklosen Haltung, die jede echte Wertschätzung hintertreibt.

Indem du lernst, den Wert anderer Menschen, Dinge und Situationen zu schätzen (und es gibt viel wertzuschätzen, wenn du Augen hast, es zu sehen), wirst du selbst auch Anerkennung erfahren. Bevor du sie jedoch bekommst, wirst du dich einfach damit zufrieden geben müssen, sie zu geben.

Angst

Wusstest du, dass du die Dinge, die dich ängstigen, anziehst?

In Wahrheit stehst du in einem Konflikt in Bezug auf die Dinge, die du fürchtest. Ein Teil in dir widerstrebt ihnen heftig, ein anderer Teil von dir aber ist fasziniert und fühlt sich wie magnetisch angezogen.

Dasselbe Prinzip gilt auch für deine Träume, die im Wesentlichen deine nicht bewussten Wünsche zeigen. Wenn du von etwas träumst, wovor du dich im Wachzustand sehr fürchten würdest, wirst du von der Vorstellung, dass es geschehen könnte, in Wahrheit angezogen. Ein Traum, in dem jemand, der dir nahe steht, verletzt wird, enthält eigentlich den geheimen Wunsch, dass genau das passiert, obwohl dieser Wunsch von Sorge und Mitgefühl überdeckt wird.

Deine Angst entsteht aus aggressiven Gedanken. Wenn du erst einmal solche Gedanken erzeugt hast, erwartest du, dass diese Aggression erwidert wird – also fürchtest du dich. All deine aggressiven Gedanken kommen aus deinem Inneren und somit kommt auch all deine Furcht aus dir selbst.

Angst entsteht aus einem inneren Konflikt heraus, in dem zwei oder mehr Teile in dir Unterschiedliches erreichen wollen. Manche der Dinge, die dich ängstigen und die du dir damit auf irgendeiner Ebene wünschst, wie Tod, Kontrolle, Rache, Leiden, Krankheit, Kreuzigung, ein gebrochenes Herz und Armut, können in starkem Maße selbstzerstörerisch sein. Es wird dir daher helfen, wenn du deinen Höheren Geist Entscheidungen treffen lässt und ihn beauftragst, die im Konflikt stehenden Teile deines Bewusstseins zu integrieren, um so deine Angst aufzulösen.

Forschungen haben gezeigt, dass die sexuelle Energie parallel zur Angst anwächst. Diese sexuelle Energie schafft eine Anziehung an Dinge, die dich verletzen können.

Auf der Seelenebene möchte dein Höherer Geist, dass furchteinflößende Ereignisse von dir angezogen werden, damit deine versteckte Angst offenbart und geklärt werden kann. Nur durch Heilung wird deine Furcht zu Frieden und Vertrauen transformiert. Indem du deine Ängste auflöst, erzeugst du Sicherheit.

Wusstest du, dass du tief in deinem Geist mehr Angst davor hast, dass das Allerbeste als das Allerschlimmste passieren könnte?

Tief in dir, jenseits aller Furcht vor dem, was dunkel und schmerzvoll ist, liegen deine Ängste vor Liebe, Fülle, Glück, Größe, Selbstverwirklichung und Gott. Wenn du überlegst, wie viele Menschen sich dem Tod zuwenden und wie wenige sich für Beglückung öffnen, kannst du erahnen, um wie viel größer die Angst vor Glück als die Furcht vor dem Tod ist.

Du hast schreckliche Angst davor, alles zu bekommen. Du hast aus einem unerklärlichen Grund Angst, dass du etwas verlieren würdest, wenn du Erfolg hast. Vielleicht fürchtest du, dass du sterben würdest, wenn alle deine Träume wahr würden, weil es dann nichts mehr gäbe, wozu du leben müsstest. Deshalb zögerst du, deine Ziele zu erreichen, und erkennst dabei nicht, dass nach der Verwirklichung deiner jetzigen Träume eine höhere Art von Traum an ihren Platz treten wird. Wenn du deine Träume erst einmal erfüllt hast, werden entweder größere auftauchen oder du wirst dein Erwachen erleben. Und das bedeutet, dass du alle Träume loslässt, um in die Erleuchtung einzutauchen.

Du hast Angst, dass du überwältigt wirst und die Kontrolle verlierst, wenn du so viel Liebe, Freude oder Verbundenheit mit Gott spürst. Und doch handelt es sich dabei in Wirklichkeit nur um die Furcht deines Ego vor seinem eigenen Tod. Du hast ein natürliches Geburtsrecht auf alles, was großartig und wunderbar ist. Du verdienst wirklich nicht weniger. Öffne dich für alles Gute, was dir angeboten wird; es ist vollkommen stimmig und wahr, dass du alles empfangen sollst.

Anklagen

Wusstest du, dass du dich jedes Mal selbst angreifst, wenn du dich beklagst? Denn alle Beschwerden sind in Wahrheit Selbstanklagen.

Klagen beruht auf dem Glaubenssatz, dass du zu schwach und machtlos bist, um in einer bestimmten Situation zu handeln.

Du kreierst jedoch nicht auszuhaltende Umstände für dich, weil du glaubst, dass es dir möglich wäre, damit umzugehen. Wenn deine Glaubenssätze also Situationen erschaffen, die alles andere als glücklich sind, bist du trotzdem nicht in der hilflosen Position – du kannst deine Ansichten und Glaubenssätze ändern und die Dinge umgestalten. Ein Gebet beispielsweise, das aus dem Herzen kommt, öffnet deine Verbindung zur Quelle und kann eine kraftvolle Wirkung auf sonst unabänderlich erscheinende Umstände ausüben.

Wenn du dich beklagst, greift das dein Selbstvertrauen und deine Fähigkeit an, alle Mittel sinnvoll und einfallsreich einzusetzen. Wenn du dich beschwerst, wirst du zu einem Teil des Problems, anstatt Teil der Lösung zu sein. Transformierende Heilprinzipien schließen Verständnisfähigkeit, Liebe, Hingabe, Willenskraft, Akzeptanz, Vergebung, die Fähigkeit zu geben, Loslassen, Vertrauen, Integration, Friedfertigkeit, die Fähigkeit zu empfangen, Hilfsbereitschaft und Vision ein. Anklagen sind Zeitverschwendung und machen dich klein.

Wenn du dich über etwas beschwerst, das jemand anders tut, kannst du sicher sein, genau dasselbe auch zu machen. Aber dein Alltagsbewusstsein ist dafür blind. In Wahrheit beschwerst du dich immer nur über dich selbst. Es gibt eine ganze Reihe von positiven und hilfreichen Dingen, die du tun könntest, anstatt dich zu beklagen, aber du ziehst es vor, dich in Beschwerden und einer negativen Haltung zu suhlen. Mit einer solchen Einstellung wendest du dich vom Leben ab und bewegst dich in Richtung Tod.

Klagen ist genau das Gegenteil von hilfreichem Verhalten und echter Kommunikation. Die Verurteilung, die dahinter steckt, erstickt deine Intuition und Inspiration und führt dazu, dass du in unnötigen Situationen gefangen bist.

Aufopferung

Wusstest du, dass jede Form der Aufopferung falsch verstandene Liebe ist?

Du denkst, dass Aufopferung ein Ausdruck von Liebe ist, ein Opfer ist jedoch eine psychologische Falle. Sie ist in Wahrheit eine versteckte Form von Konkurrenz, die sagt: »Ich werde jetzt verlieren, um später zu gewinnen.« Sie stempelt Ebenbürtigkeit und Gleichwertigkeit als Lügen ab, obwohl diese der einzige Weg sind, eine Beziehung über Getrenntheit, Machtkampf und Leblosigkeit hinauszuführen.

Das Wichtigste, was es über Aufopferung zu lernen gibt, ist ganz einfach: Du musst dich nicht opfern. Alles, was man durch Aufopferung erreicht, könnte auf einer höheren Ebene ohne Opfer geschehen. Es kann durch freie Willensentscheidung und durch Geben sowie Empfangen erfolgen. Es besteht keine Notwendigkeit, dass du alles auf deinen eigenen Schultern trägst, wenn Teamwork und Gnade zur Verfügung stehen.

Wenn du dich in einer Opfersituation befindest, dann versuchst du damit, dich unentbehrlich zu machen, während du die Furcht vor Nähe weiterhin aufrechterhältst. Deine Opferhaltung schließt dich in Rollen ein und hält dich davon ab, authentisch zu sein.

Durch Opfer gibst du immer den anderen die guten

Karten, mit denen sie gewinnen können – aber du selbst hältst dich aus dem Spiel raus. Die Rolle des Opfers soll die Gefühle von Verlust, Schuld, Versagen und Mangel an Selbstwert kompensieren. Du kannst aber immer einen besseren Weg finden, wenn du dir einen Moment Zeit nimmst und dein Höheres Bewusstsein um die Antwort bittest.

Augenkontakt

Wusstest du, dass Augenkontakt nicht nur eine innige Nähe herstellt, während du dich mit jemandem verbindest, sondern dass deine Augen dabei die Emotionen und Ereignisse vergangener Verletzungen offenbaren?

Wenn du deine Emotionen während des *Joining* durch deine Chakras leitest, ist die Geschichte deines Themas in deinen Augen abzulesen, besonders im linken Auge, das oft auch Fenster zur Seele genannt wird. Die von dir freigegebenen Emotionen zeigen sich in den Pupillen. Diese verändern mit jedem Gefühl ihre Größe, so dass es fast so scheint, als ob flüssige Emotion aus ihnen fließen würde. Die gesamte Erfahrung des Schmerzes eines Themas ist in deinem physischen Körper eingelagert. Die beim Prozess des *Joining* freigesetzte visuelle Information, die Teil dieser körperlichen Erinnerung ist, kann an den Augen abgelesen werden.

Bei der Methode des *Joining* schauen sich zwei Menschen intensiv in die Augen und verbinden sich so miteinander. Du kannst dabei in den Augen des anderen oft interessante Phänomene beobachten. Zeitweise fühlt es sich an, als ob sich die linke Pupille in das Auge zurückgezogen hätte, und es sieht so aus, als ob es am Ende einer langen, dunklen Höhle liegen würde. Wenn das geschieht, ist es ein Zeichen dafür, dass du ein abgespaltenes Fragment deines Bewusstseins herangezogen hast.

Das fragmentierte Selbst glaubt, dass es nie bemerkt oder verstanden und dass es nie aus seiner abgeschiedenen Hölle befreit werden würde. Oftmals sieht die Pupille uralt aus und unbeschreiblich müde. Dann mag es so scheinen, als ob sie einen psychischen Tod erlitten hätte. Der Fluss der Liebe, der sich während des *Joining* auf dich richtet, wird die Distanz jener Trennung wegschmelzen. Die Pupille wird sich scheinbar aus ihrer Höhle herausbewegen, bis sie im gegenwärtigen Augenblick auftaucht. Dann plötzlich wird dein *Joining*-Partner sehen, dass du ihn anschaust.

Bei der Heilung eines sehr tief sitzenden Themas, eines so genannten Primärthemas, begegnest du einer Reihe dieser scheinbar toten oder ernsthaft isolierten Selbste, die bereit sind, aus ihrer Isolation herauszukommen und integriert zu werden. Wenn das Thema vollständig aufgelöst beziehungsweise geheilt ist, wird eine unglaubliche Lebensfreude durch deine Augen fließen, da Gott durch sie hindurchschaut und lacht.

Autoritätskonflikt

Wusstest du, dass an der Wurzel eines jeden Problems ein Autoritätskonflikt steckt?

Ein Autoritätskonflikt dreht sich darum, wer der Boss sein wird. Auf einer unbewussten Ebene ist dies allerdings ein Kampf mit Gott. An den gut verborgenen Orten deines Geistes gibst du Gott die Schuld für alles, was in deinem Leben passiert. Jede Krankheit, jeder Angriff, den du erleidest, zeigt die Art und Weise, in der du Gott attackierst. Du benutzt Krankheiten und Tragödien um dich herum als Beweis dafür, dass Gott schlecht ist. Du versuchst dir verzweifelt selbst zu beweisen, dass du nicht auf Ihn hören musst. Dein Ego sagt dir, dass derjenige den Job von Gott ausüben sollte, der dafür auch am besten qualifiziert ist. Und ohne falsche Bescheidenheit gesagt: Das bist eigentlich du! Du würdest den Job viel besser als Gott machen, der so viel Leid und Ungerechtigkeit in dieser Welt erlaubt.

Du hast die Verletzungen deines Herzens und die Traumata deiner Kindheit als eine Entschuldigung dafür benutzt, die Autorität deiner Eltern von dir zu weisen. Und obwohl du vielleicht so getan hast, als würdest du ihnen zuhören, hast du diese leidvollen Ereignisse nur benutzt, um von jeder Autorität außerhalb deiner selbst unabhängig zu werden.

Jedes Problem ist ein Kampf darum, wer der Boss ist und wessen Fähigkeiten die höchste Autorität erschaffen. Der Autoritätskonflikt existiert sogar in dir selbst, da du Tausende von Persönlichkeiten hast, die darum wetteifern, wer herrscht und wer das Leben bestimmt. Wenn du an diesen Konflikten festhältst, führt das zu vielen schmerzhaften Rückschlägen, weil dir die Menschen und Umstände in deinem Leben diese Konflikte wie auf einer Bühne vorspielen werden.

Bedürfnisse

Wusstest du, dass du das, was du willst, unbewusst von dir stößt, indem du versuchst, es dir zu nehmen?

Wenn du bedürftig bist, liebst du dich nicht oder wertschätzt du dich nicht ausreichend. Deshalb fühlst du dich unwert, um das zu bitten, was du möchtest, und auch unwert, es zu empfangen. Das kann dich daran hindern, aus dem Herzen heraus zu bitten, es veranlasst dich zu fordern. Beide Verhaltensweisen verhindern, dass du empfangen kannst.

Wenn du nicht empfangen kannst, bleibt dir nichts weiter übrig, als es zu »bekommen«, entweder indem du es einfach nimmst oder indem du vermeintlich etwas gibst, nur um dein Nehmen zu verbergen. Wenn du zu nehmen versuchst, werden die meisten Menschen dich wegstoßen oder sich ganz von dir abwenden – es sei denn, sie sind extrem naiv oder versuchen, Schuldgefühle zu kompensieren. Ihre Abwehr spiegelt lediglich deine eigene Zurückweisung dessen, was du wirklich brauchst.

Ein Bedürfnis entsteht als ein Ausdruck einer gebrochenen Verbundenheit, einer Getrenntheit, die dir nicht erlaubt zu empfangen. Deine Bedürfnisse hängen eng an einer bewussten Angst, nicht erfüllt zu werden, und einer subtilen, unterbewussten Angst, dass du erhalten könntest, was du dir wünschst. Diese Art von Bewusstseinsspaltung hält dich davon ab, offen zu empfangen.

Wenn du das erhältst, was du brauchst, kann das deine Verbundenheit wiederherstellen. Dieses *Bonding* lässt dein Ego schmelzen, das auf Furcht aufbaut, auf Kontrolle, Trennung und Autoritätskonflikt. Deine Bedürfnisse werden zum Versuch, etwas zu nehmen, was wiederum dein Ego stärkt. Wenn du empfangen würdest, wenn du dich öffnen könntest und *Joining* zulassen würdest, würde das dein Ego wegschmelzen lassen.

Beschleunigung

Wusstest du, dass sich derzeit eine noch niemals erlebte Fülle von Gnade auf die Erde ergießt?

Eine kürzlich erfolgte Verstärkung von Gnade, die sich bis zum Jahr 2012 noch intensivieren wird, erlaubt eine rasche Transformation im menschlichen Bewusstsein. Das Einströmen feinerer Energien wird der Menschheit die Gelegenheit geben, einen Bewusstseinssprung zu machen. Wir können aus unserer Welt der Konkurrenz eine Welt der Partnerschaft hervorbringen. Dieser beispiellose Aufstieg wird der Menschheit eine große Menge an Zeit und Leiden in ihrer Entwicklung ersparen.

Wir erleben zurzeit eine energetische Anregung, die eine Veränderung und Beschleunigung in der Evolution erzeugt. Dies kann unserer Welt einen großen Nutzen bringen, da die Zeit, die für gewöhnlich für Transformation nötig ist, außer Kraft gesetzt ist. Wir leben jetzt in einer wesentlichen Phase, in einer entscheidenden Zeit der Wiedergeburt – in der wichtigsten Zeit des geistigen Fortschritts seit zweitausend Jahren.

Besonderheit

Wusstest du, dass all deine Probleme aus deinem Bedürfnis entstehen, etwas Besonderes zu sein?

Dein Bedürfnis nach Besonderheit ist der Wunsch, den leeren Raum in dir zu füllen, der aus verloren gegangener Verbundenheit und Mangel an Selbstliebe herrührt. Du versuchst, besonders zu sein, indem du Aufmerksamkeit erregst, irgendeine Art von Wettbewerb gewinnst und sogar in Beziehungen Konkurrenzverhalten zeigst.

Du benutzt deine Siege, um dein Ego zu verherrlichen und es den Egos der anderen in deiner Umwelt überzuordnen. Wenn du es auf diese Weise nicht erreichst, als etwas Besonderes angesehen zu werden, wird dein Ego die Aufmerksamkeit und dunkle Herrlichkeit suchen, die aus Schmerzen kommen, aus Schwierigkeiten, aus Leiden und allem möglichen anderen, das dich bemerkenswert oder zumindest anders macht.

Wenn du ein Problem hast, kannst du den Vorteil daraus ziehen, dich als etwas Besonderes anzusehen. Um die Falle der Besonderheit zu transformieren, müsstest du dich auf deine Liebe und Kreativität ausrichten und auf die Besonderheit deines Lebenssinns. Nur diese werden automatisch Erfüllung, Ebenbürtigkeit und Selbstliebe mit sich bringen.

Beziehungen

Wusstest du, dass der Erfolg einer Beziehung nicht einfach voraussetzt, dass jeder genau fünfzig Prozent der Verantwortung übernimmt?

Damit eine Beziehung funktioniert, müssen beide Partner bereit sein, jeweils einhundert Prozent zu geben. So paradox das scheinen mag: Wenn du so viel gibst, ist die Beziehung leicht, du fühlst dich frei und die Wahrheit führt euch auf einem sich immer weiter entfaltenden Weg vorwärts.

Es gibt Zeiten, in denen dein Partner oder deine Partnerin besonders viel Hilfe braucht, und dann gibt es Zeiten, in denen du mehr nehmen musst. Wenn du immer einhundert Prozent gibst, ist das kein Problem. Dann hat die Konkurrenzhaltung, die zu Machtkämpfen und Leblosigkeit in einer Beziehung führt, gar keine Chance, sich zu entwickeln.

Wenn du einhundert Prozent gibst, bleibt die Attraktivität deines Partners konstant. Wenn ihr beide jeweils einhundert Prozent gebt, werdet ihr alle Talente und Gaben miteinander teilen und laufend neue entwickeln. Ihr seid dann fähig, all die Herausforderungen anzunehmen und zu bestehen, mit denen ein Paar zu tun hat. Ständig gibst du die Kraft dir selbst, deinem Partner und deiner Beziehung.

Indem du deinem Partner einhundert Prozent gibst, hast du die beste Aussicht auf Glück, weil deine Beziehung die beste Gelegenheit ist, den Himmel auf die Erde zu bringen.

Wusstest du, dass jedes Problem an seiner Wurzel ein Beziehungsproblem ist?

Beziehungen bieten den schnellsten Weg bei der Entwicklung. Durch Liebe, Verbundenheit, Verständnis und Vergebung kannst du die Getrenntheit heilen, die die Grundlage jedes Problems darstellt. Wenn deine Beziehungskonflikte geheilt sind, werden weitere auftauchen, die noch gelöst werden müssen. Dieser natürliche Heilungsprozess wird dich ganzheitlicher machen und dich den Menschen in deiner Umgebung näher bringen.

Jedes Mal, wenn du dich mit einem anderen Menschen verbindest, bringt dich das einen Schritt weiter, und jeder Schritt, den du gehst, bringt auch deinen Partner einen Schritt voran. Wenn du den Weg der Beziehung zu einem Weg des spirituellen Wachstums machst, werden deine Erfolge an deinem eigenen Glück und dem der Menschen um dich herum zu sehen sein. Wenn ihr, du und dein Partner, in eurer Beziehung glücklich seid, gibt euch das eine feste Grundlage, die Themen anzugehen, die zwischen euch auftauchen. Sie wird euch auch das Selbstvertrauen geben, die Konflikte zu heilen, die von außen auf euch zuzukommen scheinen (und die doch wieder nur Spiegelungen von Konflikten zwischen euch beiden sind und letztlich von abgespaltenen Teilen deines eigenen Bewusstseins herrühren).

Deine Beziehung hat die Kraft, jedes Problem zu heilen, das dich im Leben zurückhält, und zudem die Probleme der Menschen in deiner Umgebung. Jedes Thema zwischen dir und Gott, alles, was in dir nicht ganz ist, wird zwischen dir und deinem Partner auftauchen. Das bietet dir immer aufs Neue die Chance, geheilt zu werden.

Die Bereitschaft, deine Beziehung als ein Mittel zur Heilung zu gebrauchen, erlaubt dir, dich mit deinem Partner zu verbinden, ihm zu vergeben, ihn zu unterstützen und zu lieben und so Konflikte, Leblosigkeit und Probleme zu überwinden. Während du deine Beziehung zu deinem Weg des Lernens werden lässt, wirst du immer mehr du selbst, und zugleich werdet ihr als Paar wachsen. Je mehr du dich mit deinem Partner in der Gegenwart verbindest, desto leichter wirst du den Schmerz aus der Vergangenheit heilen, der noch in dir steckt, und dich so befreien, um größere Beseeltheit zu erfahren.

Wusstest du, dass jede deiner Beziehungen deine Beziehung zu dir selbst spiegelt?

Alles, was du siehst, ist eine Spiegelung deiner Beziehung zu dir selbst. Alles, was dir geschieht, und alles, was du tust, beruht auf dieser grundlegenden Beziehung. Alles um dich herum entsteht aus deinem Geist. Niemand kann dir irgendetwas antun, das du dir nicht bereits selbst und anderen angetan hast oder gerade antust. Dabei sind dir meist weder dein Verhalten noch deine Motivation bewusst.

Dein Unterbewusstsein ist voller Ich-Vorstellungen, voller Persönlichkeitsanteile. Manche dieser Aspekte deiner selbst sind offensichtlich und besitzen ein stärkeres

Profil als andere. Jeder dieser Anteile ist so sehr ein Teil von dir, dass du ihn nicht einmal bemerkst; er ist wie ein hautenger Anzug, der dich daran hindert zu empfangen.

Während Geben immer Empfangen erzeugt, imitieren Persönlichkeitsanteile in dir Geben durch Tun. Tun aber ist ein Versuch, die Bewusstheit zu überdecken, dass du ein Gefühl von Unangemessenheit in deinem Leben spürst. Du denkst, dass du es nicht wert bist, etwas zu empfangen, und dass du die Verbundenheit nicht haben kannst, die das Empfangen erlauben würde. Manche dieser Anteile in dir sind Schattengestalten, Spiegelungen eines Eigenhasses, der aus dem entspringt, was du an dir selbst verurteilt und unterdrückt hast.

Alle anderen Menschen, jeder Mensch in deiner Welt, spiegelt eine deiner inneren Persönlichkeiten. Wenn dich zum Beispiel jemand nicht liebt, entspricht das einem Bereich, in dem du dich selbst nicht liebst. Die goldene Regel, anderen nur das anzutun, was du dir auch antun lassen möchtest, wird hier besonders wichtig: Du erkennst, dass du die Art und Weise, wie du mit anderen umgehst, auch selbst zu spüren bekommst.

Deine inneren und äußeren Welten sind unauflöslich miteinander verknüpft. Wenn du in dir eine bedeutsame Veränderung manifestierst, wird das auch eine wesentliche Wirkung auf eine Person oder Situation in deiner äußeren Welt haben.

Wusstest du, dass die besten Beziehungen die sind, in denen es keine Fehler und Schuldzuweisungen gibt?

Schuldzuweisungen stoppen die Kommunikation und

zetteln Auseinandersetzungen an – das spiegelt das Maß der Angst beider Partner, vorwärts zu gehen. Wenn du in deiner Beziehung ganz klar die Position vertrittst, dass es keine Schuld gibt, dann werden die Angriffe und Getrenntheitsgefühle minimiert. Du kannst ganz einfach kommunizieren, um Fehler zu korrigieren, Getrenntheit zu beenden, auf die Wellenlänge des Partners zu gelangen und dich mit ihm auf ebenbürtige Weise zu verbinden.

Der Grad an Unschuld, den du in deinem Partner wahrnimmst, entspricht dem Grad an Unschuld, den du bei dir selbst siehst. In Beziehungen, in denen keine Schuld verteilt wird, benutzt du deinen Partner nicht als eine Projektionsfläche für jene Aspekte deiner selbst, die du nicht magst. Das heißt nicht, dass du dich abwendest und dich nicht mit den Dingen auseinander setzt, die dich stören. Es bedeutet, dass du Verantwortung für deine Gefühle und deine Erfahrungen übernimmst und Formen der Kommunikation gebrauchst, um entweder eine Brücke zu bauen oder um dir die früheren Erfahrungen bewusst zu machen, die die jetzigen Reaktionen ausgelöst haben.

Wenn du mit der Voraussetzung startest, dass dein Partner unschuldig ist, wird das alle Auseinandersetzungen Lügen strafen und euch gegenseitig anziehender machen. Du wirst dich auf eine viel reifere und mitfühlendere Weise verhalten. Ihr werdet nicht mehr länger in Versuchung sein, euch gegenseitig zu Sündenböcken zu erklären, und die gemeinsame Unschuld führt zu neuen Ebenen von Ebenbürtigkeit, Intimität und Erfolg.

Wusstest du, dass alle Probleme außerhalb eurer Beziehung durch eure Verbindung geheilt werden können?

Alles zwischen euch und Gott, zwischen euch und dem Einssein kann und wird in eurer Beziehung auftauchen mit der Chance, geheilt zu werden. Das bedeutet, dass jedes Problem, das du außerhalb eurer Beziehung wahrnimmst, in eurer Partnerschaft auftauchen wird, wenn du dich nicht in dem anderen Lebensbereich mit ihm beschäftigst.

Du kannst die Kraft der Liebe in eurer Beziehung einsetzen und helfen, Dinge zu heilen, die außerhalb der Beziehung schief laufen. Du beginnst damit, indem du das äußerliche Thema benennst und dann erkennst, auf welche Weise es einen Aspekt eurer Beziehung spiegelt. Wenn ihr euch darüber austauscht, versucht herauszufinden, wo eine neue Ebene von *Bonding* oder *Joining* zwischen euch beiden erreicht werden kann, die euch auf eine neue Ebene der Liebe bringt. In Entsprechung zu eurem Erfolg wird sich die äußere Situation automatisch verbessern.

Eine weitere Methode, um eine solche Heilung zu erreichen, besteht darin, sich einfach in die Augen zu schauen. Stellt euch darauf ein, euch emotional miteinander zu verbinden, von Herz zu Herz, von Geist zu Geist. Wenn du das äußere Problem als ein Hindernis zwischen euch beiden betrachtest, wird euer Erfolg bei diesem *Joining*, diesem verbindenden Austausch über die Augen, euch nicht nur in der Situation helfen, sondern eure Beziehung ganz allgemein verbessern.

Wusstest du, dass alles, was in einer Beziehung passiert, »Kollusion« ist? (Kollusion ist ein insgeheimes Einverständnis beider Seiten, eine Verabredung, die allerdings meist im Dunklen bleibt.)

Alles, was ein Mensch tut, mit dem du in Beziehung stehst, dient einem Zweck für dich. Alles, was einer von euch beiden macht, ist die Folge einer Abmachung zwischen euch beiden, obwohl der weitaus größte Teil dieses Wissens im Unterbewusstsein liegt.

Immer wenn du zum Beispiel eine Beziehung beendet hast, hattet ihr beide – dein Partner oder deine Partnerin und du – schon zuvor entschieden, wer die Rolle des Unabhängigen (meistens der Bösewicht) und wer die Rolle des Abhängigen (also des Opfers mit dem gebrochenen Herzen) übernehmen würde.

Die Menschen in deiner Umgebung behandeln dich so, wie du selbst glaubst, es zu verdienen. Wenn du den irrtümlichen Glaubenssatz hegst, schuldig zu sein, und dich dafür selbst bestrafen willst, wirst du irgendjemanden in deiner Umwelt »erschaffen«, der das entsprechend erledigt. Wenn du mit dir selbst besser umgehen würdest und die inneren Aspekte deiner Eigenangriffe, Missverständnisse und Verluste heilen würdest, könntest du wunderschöne Beziehungen erleben. Indem du dich selbst besser behandelst, wirst du feststellen, dass alle anderen das plötzlich auch tun. Die Art und Weise, wie das Innere und das Äußere miteinander verbunden sind, zeigt sich besonders deutlich in deinen Beziehungen.

Unbewusst suchst du natürlich nach solchen Menschen, die dich bestimmte Lektionen lehren. Opfer finden ihre Täter, die in Wahrheit Personen sind, die sich noch nicht wieder davon erholt haben, selbst als Opfer gelitten zu haben. Jene zum Beispiel, deren Herz gebrochen wurde, als sie abhängig waren, befreien sich in die vermeintliche Unabhängigkeit und brechen das Herz anderer Menschen.

Alle Menschen um dich herum dienen den Absichten deines Ego. Selbst wenn sie dich dadurch verärgern, dass sie deinen Drehbüchern nicht folgen, verhalten sie sich doch genau so, wie dein Unterbewusstsein es für seine zuvor festgelegten Zwecke möchte. Zu diesen Zwecken gehören dein Verlangen, Wettbewerbe zu gewinnen, deine Bedürfnisse erfüllen zu lassen, all deine Hilferufe, in deinem Leiden als etwas ganz Besonderes beachtet zu werden, dich oder andere zu kontrollieren und dergleichen mehr.

In deinem Unbewussten mag es Konflikte auf der Seelenebene geben, eine schamanische Prüfung (vielleicht sogar eine Prüfung auf Leben und Tod, um deine Kraft und dein Bewusstsein auf eine ganz neue Ebene zu heben) oder eine vitale Herausforderung, die deine Seele dir als eine Schlüssellektion für die Erkenntnis und Verwirklichung deiner Lebensaufgabe stellt. Auf einer unbewussten Ebene entspricht jeder Mensch in deiner Umwelt Teilen deiner selbst, die Ich-Vorstellungen sind.

Hier ist noch ein Beispiel: Die Kollusion, die stillschweigende Verabredung in Beziehungen, die aus dem

Unterbewusstsein kommt, kann sich darin zeigen, dass sich ein Partner vom Sex zurückhält oder ihn verweigert, während der andere Partner vermeintlich nichts anderes möchte. Diese Situation offenbart die geheimen Ängste beider Partner. Der eine, der Sex möchte, hat eine unterbewusste Furcht davor oder fühlt Scham oder Schuld – er fühlt insgeheim, dass er beziehungsweise sie keinen Sex bekommen sollte. Der andere Partner fühlt sich vielleicht gespalten oder wie gefroren vor Angst, Schuld oder Scham. Er oder sie erwartet vielleicht das Kompliment, »gejagt« zu werden, oder möchte insgeheim die Kontrolle über den Sex. Vielleicht möchte er oder sie den Anschein vermeiden, an Sex interessiert zu sein. Auf diese Weise kann er oder sie sich unschuldig fühlen und muss nicht verantwortlich dafür sein, mit dem Liebesspiel zu beginnen.

Wusstest du, dass du den Wettbewerb gewonnen hast, wenn dein Partner versagt?

Dein Partner wird nur in den Bereichen Erfolg haben, in denen du bereit bist, ihn zu unterstützen. Wenn dein Partner oder deine Partnerin versagt, spiegelt das, auf welche Weise du mit ihm oder ihr in Konkurrenz stehst, anstatt zu geben.

Jedes Mal, wenn du dich über deinen Partner beschwerst, selbst wenn es nur in Gedanken ist, versäumst du eine Gelegenheit, ihm zu helfen, anstatt zu urteilen. Wie gut es deinem Partner geht, zeigt, wie viel Unterstützung du ihm gibst. Wenn dein Partner versagt, weist das unmittelbar darauf hin, wie sehr du dich darum bemühst, dass du besser als er bist.

In dieser Situation gewinnst du zwar den Wettbewerb, aber du verlierst, weil dein Partner seine Anziehungskraft für dich einbüßt. Obwohl du der Sieger bist, musst du am Ende den Verlierer tragen. Du schießt dir selbst ins Bein, nur um zu vermeiden, dass du deinen Partner und eure Beziehung unterstützt. Alles, was du deinem Partner oder deiner Partnerin gibst, gibst du auch dir selbst.

Bonding (Sich verbinden)

Wusstest du, dass Leichtigkeit, Liebe und Erfolg in dein Leben treten, wenn du dich verbindest?

Sich zu verbinden transzendiert die Illusion des Getrenntseins und der Angst, die immer an der Wurzel eines Problems stecken. Sich zu verbinden erzeugt größere Leichtigkeit, denn das dabei entstehende Maß an Verbundenheit stellt dich Schulter an Schulter mit anderen, was die Last der Bürden vermindert. Es lässt dich zudem in eine Verbindung von Herz zu Herz gelangen, die Schmerz durch Gemeinsamkeit ersetzt.

Jedes Mal, wenn du dich mit jemandem verbindest, bewirkt das, dass du und diese andere Person einen Schritt auf dem Pfad der Liebe und des Erfolgs vorankommt. Je näher du einem Menschen bist, umso weniger beeinträchtigen dich paradoxerweise auch fälschliche Formen der Bindung, die dich mit anderen verschmelzen und eure Grenzen verschwimmen lassen. Du erlebst dann seltener das Gefühl der Aufopferung und bist dir selbst und anderen gegenüber wahrhaftiger. Du bist dann in der Lage, mehr zu geben und zu empfangen. Du fühlst dich freier und wirst von Gnade erfüllt. Du gehst auch über dein in der Vergangenheit begründetes, unwahres Gefühl von Unabhängigkeit hinaus, welches es dir unmöglich machte, zu empfangen und Partnerschaft zu erleben.

Der Grad, in dem du dich verbindest, bestimmt das Ausmaß, in dem du die Gemeinsamkeit von Interessen, Zielen und Freundschaften mit anderen teilen kannst. Das Maß, in dem du mit einem anderen Menschen verbunden bist, zeigt an, wie sehr ihr euch versteht und wie sehr ihr als Einheit denkt und euch vorwärts bewegt. Es bezeichnet aber auch das Maß, in dem du dich dem anderen Menschen ebenbürtig fühlst. Es ist der Maßstab dafür, inwieweit sich eine neue Ebene des Gebens und Empfangens öffnet und für euch beide zu einem höheren Niveau an Fülle führt.

Wusstest du, dass es nie zu spät ist, sich zu verbinden und verbunden zu sein?

Wenn Babys geboren werden, sind sie in mancherlei Hinsicht nicht vollständig entwickelt. Zum Beispiel ihre Lungen, ihr Verdauungstrakt und ihr Sehsinn können sich erst weiter ausbilden, wenn sie den Schoß verlassen haben. Kinder werden mit einer stark ausgeprägten Bereitschaft zur Bindung geboren. In einer besonders günstigen Situation sind beide Elternteile des Babys bereits selbst miteinander verbunden und durch Gnade auch mit dem Himmel. Diese Verbundenheit können sie ihrem Kind durch die innige Nähe ebenso schenken. Auf diese Weise wird das Baby die »Verkabelung« erwerben, die notwendig ist, um all die Liebe erfahren und annehmen zu können, die ihm von der Familie, von Freunden, aus der Natur, von Himmelswesen, dem Höheren Selbst und Gott zufließt.

Du bist jedoch vermutlich bei Eltern aufgewachsen, die

diese Art von Verbundenheit nicht erlebten und sie dir somit auch nicht bieten konnten. Die gute Nachricht ist, dass sich eine solche Verbundenheit zu jedem Zeitpunkt deines Lebens für dich ergeben kann – als ein Geschenk von irgendjemand anderem.

Du erlernst Verbundenheit, indem sich jemand mit dir verbindet, genauso wie du Lieben lernst, indem du geliebt wirst.

Bei der Heilmethode des *Joining* besteht das Ziel darin, die Fähigkeit zu entwickeln, Nähe zu erleben, damit du sowohl die Liebe spüren kannst, die du für deine Nächsten hast, für die Menschheit und für den Planeten, als auch die Liebe, die du mit Gott teilst. Durch diese Technik des *Joining*, die dich eine tiefe Verbundenheit erfahren lässt, fließt dir die Gnade der Liebe auf deinem evolutionären Weg sehr rasch zu.

Vielleicht sollte der nächste Schritt in deinem Leben darin bestehen, dein Herz erneut »anzuwerfen«, damit du wieder Liebe spürst und dich selbst wieder geliebt fühlst. Der einfachste Weg dahin ist, dass du dich jemandem anschließt, dass du die Gemeinschaft mit einem Menschen erlebst, der seine Fähigkeit zur Liebe bereits entwickelt hat und weiß, wie man sie mit anderen teilt. Das kannst du zum Beispiel in Seminaren über die *Psychologie der Vision* erfahren, die weltweit angeboten werden. Aber auch dein eigenes Umfeld bietet dir zahlreiche Gelegenheiten, dein Herz zu öffnen. Du kannst zum Beispiel mit Menschen arbeiten, die an lebensbedrohlichen Krankheiten leiden oder mit anderen Herausforderungen zu tun haben. Eine weitere Hilfsquelle für die Öffnung deines Herzens ist das Buch *Gib den Weg frei für die Liebe* von Lency Spezzano. Es ist ein Instrument, das dich durch eine psychoaktive Leseerfahrung aus der Spaltung herausziehen und in dein Herz führen kann.

Wenn dein Herz erst einmal weit und offen ist, wird es dir leicht fallen, auch das Herz eines anderen Menschen zu erreichen. Wenn dein Bewusstsein erst durch die Erfahrung von wahrer Gemeinsamkeit in höhere Ebenen gehoben wurde, sind die energetischen Verbindungen zu solchen Zuständen auf deiner »Festplatte« verkabelt, und du kannst dich aus eigener Kraft mit deiner Göttlichkeit verbinden. Diese Nähe bleibt dir jederzeit, und du kannst dich auf sie verlassen. In demselben Maße, in dem du dich der Erfahrung von Liebe geöffnet hast, und sollte es bis zur höchsten Erkenntnis deiner Verbundenheit mit dem Göttlichen reichen, kannst du das Bewusstsein anderer erheben, indem du sie in den Prozess der Schaffung von Gemeinsamkeit (*Joining*) einbeziehst.

Diese Fähigkeit, Liebe an andere weiterzugeben, breitet sich aus wie kleine Wellen. Du wirst nie die Zahl der Leben wissen, die du mit deiner Bereitschaft berührt hast, gemeinsam mit anderen die große Liebe zu erfahren.

Chakras

Wusstest du, dass emotionale Blockaden und Themen durch nichtphysische Energiezentren aus deinem Körper herausgelöst werden?

Das menschliche System von Körper und Geist besitzt Energiezentren, die sich auf bestimmte Bereiche deines physischen Körpers beziehen, obwohl sie sich in den feinstofflichen Körpern befinden. Du hast sieben Hauptchakras, die in Beziehung zu deinem Körper fungieren, sie liegen vom unteren Ende der Wirbelsäule an aufwärts bis zum Scheitel deines Kopfes. Es gibt zudem eine Vielzahl kleinerer Energiezentren, die anderen Bereichen deines Körpers zugerechnet werden, zum Beispiel deinen Händen, Füßen, Ellbogen und Knien. Zusätzlich gibt es eine Anzahl von Chakras, die über deinem Kopf beziehungsweise unter deinem Körper wirken.

Wenn du emotionale Probleme mit Hilfe der Technik des *Joining*, des Erspürens von Gemeinsamkeiten, heilst, wird das eingelagerte emotionale Material aus deinem Körper herausgelöst, und wandert von einem Chakra zum nächsten. Wenn das Thema dort vollständig gelöst ist, erlebst du im Inneren des Chakras ein emotionales Aufblühen von Liebe, und das Thema geht zum nächsten Chakra weiter.

Während ein Thema durch dein Chakrasystem wandert, wirst du in jedem Zentrum die entsprechende Emotion erfahren, auch in den Chakren in deinem Kopf und darüber. Normalerweise erlebst du Gefühle irgendwo im Bauch oder im Herzen, wenn die Liebe das Thema jedoch nach oben hebt, erfährst du sie nacheinander auch in jedem anderen Chakra. Während das Thema nach oben steigt, wird es oft feinstofflicher erspürt, da es in eine höhere Schwingung transformiert wird.

Während das Thema durch deinen Körper hindurch nach oben steigt, kannst du den physischen Nachweis seines Fortschritts in Form von Druck oder Beengung spüren. Wenn es über deinen Kopf steigt, kannst du buchstäblich das Gefühl haben, an der Kopfhaut nach oben gezogen zu werden.

Während du durch den Prozess des *Joining* Liebe empfängst, kann es dir schwer fallen, tatsächlich jene Liebe zu fühlen, welche die Heilarbeit leistet, weil immer noch unterdrückte Gefühle im jeweiligen Chakra geklärt und gelöst werden. Die gelösten Emotionen neigen dazu, sich in dein Bewusstsein zu drängen und deine Aufmerksamkeit von der Erfahrung der Liebe abzulenken. Meist müssen erst etwa drei Viertel eines Themas in einem Chakra geklärt worden sein, bevor du die Liebe gleichzeitig mit der Emotion erfahren kannst. Es hilft immer sehr, die Aufmerksamkeit ganz auf die Liebe zu richten, sobald man sie spüren kann.

Wenn das Thema schließlich ein Chakra durchbricht, ist es wie bei einer alten Fernsehwerbung: Ein gläserner Abfluss zeigt, wie sich der Rohrreiniger durch eine dicke

Verstopfung frisst, und dann, noch bevor aller Schmutz gelöst ist, bricht sich das Wasser kraftvoll zischend eine Bahn. Es gibt einen vergleichbar triumphierenden Durchbruch, wenn die emotionale Blockade geklärt worden ist und die Liebe es geschafft hat, ein Chakra vollständig durchzuwaschen. Dies ist dann ein Freisetzen von Liebe, das nicht der Körper, sondern der Geist erspürt. Nun beginnt die Liebe das Thema auf der nächsthöheren Chakraebene zu klären. In unserem Vergleich mit dem Rohrreiniger könnte man sagen, dass die blockierende Emotion nun auf einen Ausfluss mit einem kleineren Querschnitt zufließt, an dem sie noch weiter zerkleinert werden muss, um weiterzukommen. An jedem Punkt, an dem das Thema Halt macht, um bearbeitet zu werden, verliert der Mensch üblicherweise den Kontakt mit der Erfahrung von Liebe, und doch ist die Liebe weiterhin anwesend. Sie ist es ja, die alles vorwärts und aufwärts bewegt in einem Prozess, der zu einem Wunder, zur Beseligung und zum unmittelbaren Kontakt mit dem Geist Gottes führt.

Die Methode, eine solche tiefe Gemeinsamkeit zu erfahren, wird bei den niedrigeren Chakras meistens nicht angewendet, da die ersten drei Chakras bei jedem zumindest in begrenztem Maße geöffnet sind und funktionieren. Gelegentlich gibt es Menschen, die um Hilfe bitten, da sie sich in ihrem ersten Chakra erden möchten, oder sie wollen mit ihrer Fähigkeit wieder verbunden werden, sexuelle Energie im zweiten Chakra zu erleben. Ein anderer Mensch braucht vielleicht ein stärkeres Gefühl für die eigene Kraft im dritten Chakra. Unter diesen Umständen kannst du mit einem anderen durch Liebe eine Verbundenheit herstellen und dich mit ihm über deine niedrigeren Chakras verbinden, um seine oder ihre Chakras zu öffnen.

Im Allgemeinen wirkt die Technik des *Joining* vom vierten Chakra an aufwärts, indem sie die Chakras öffnet und entwickelt und die Menschen zu Offenheit für Wunder, Wonne und himmlischer Dankbarkeit führt. Während dieses Buch geschrieben wird, gibt es erst wenige Menschen, die ihr viertes Chakra, das Herz-Chakra, bereits geöffnet haben, wenn sie das *Joining* zum ersten Mal erleben. Aber die Öffnung des Herzens kann durch diese Methode meistens ganz einfach bewirkt werden. Man begegnet nur sehr selten Menschen, deren höhere Chakras schon offen sind. Und dennoch ist es nicht ungewöhnlich, dass Teilnehmer und Teilnehmerinnen bereits in der ersten Sitzung alle ihre Chakras öffnen können.

Wusstest du, dass du Liebe in jedem deiner Chakras auf ganz unterschiedliche Weise erlebst?

Liebe erfährt man auf jeder Chakraebene unterschiedlich. Während die Chakras sich öffnen, um den Heilungsprozess immer weiter nach oben zu bewegen, wird die Liebe, die die Heilung bewirkt, zu einer immer feineren Erfahrung. Im Herz-Chakra besteht sie im unmittelbaren Erleben der menschlichen Liebe und des Mitgefühls zu einem Menschen (*one-to-one*), das sich warm und zärtlich anfühlt.

Wenn das Thema zum fünften Chakra aufsteigt, ins Kehlkopfzentrum, und erfolgreich hindurchgelangt, ist die daraus entstehende Liebe ein süßes Gefühl der Einheit mit der gesamten Menschheit – es reicht in all seiner Intensität bis hin zu jenen, die auf der anderen Seite des Planeten auf einem Reisfeld arbeiten. Du wirst sie in diesem Leben vielleicht nie körperlich sehen oder umarmen können, aber du kannst spüren, wie wertvoll sie dir sind.

Die Erfahrung von Liebe am dritten Auge, dem sechsten Chakra, besteht in einer tief berührenden Dankbarkeit, was sich wie die Gewissheit anfühlt, von Ahnen, Engeln und Himmelswesen, von Buddha und Christus unterstützt und ermutigt zu werden.

Vom Kronen-Chakra an, dem siebenten Zentrum, wird Liebe als Freude erlebt. Du erkennst, dass Liebe und Freude dasselbe sind, denn Freude ist nichts als eine sehr feinstoffliche Erfahrung von Liebe. Von dieser Ebene an wirst du dir der Quelle der Liebe bewusst – deiner Beziehung zu Gott-Vater. An diesem Ort spürst du eine große persönliche Liebe, die von oben in dich einströmt, und du realisierst, dass sich diese Liebe ständig in dich ergießt, ob du es bemerkst oder nicht.

Vom achten Chakra an, das sich etwa fünfzehn Zentimeter über deinem Kopf befindet, erfährst du die Liebe, die von Gott-Mutter kommt. Diese Liebe stellt eine überaus kostbare und tröstliche Bewusstheit dar.

Vom neunten Chakra an fließt dir Liebe aus immer stärker kosmischen und allumfassenden Perspektiven und Aspekten Gottes zu. Das trägt dein Bewusstsein in noch höhere Zustände von Beseeltheit, Ekstase und unaussprechlicher Wonne. Wenn sich die Heilung in einem Wunder vervollkommnet, wirst du von großen Wellen der Dankbarkeit überschwemmt, die sich aufwärts durch dich hindurch zur Quelle von Liebe bewegen und herunter zu dir aus dieser Quelle – reine Dankbarkeit für deine Bereitschaft, zu heilen und die Wahrheit zu erfahren.

Depression

Wusstest du, dass eine Depression einen noch nicht betrauerten Verlust verbirgt, den du dir selbst gewählt hast?

Jeder Verlust, an dem du festhältst, kann zu einer Depression werden. Nur indem du die Vergangenheit loslässt, wirst du einen Neubeginn erleben können. Wenn du einen Verlust mit dir herumträgst, den du nicht betrauert hast, dann bleibst du in der Vergangenheit gefangen und versuchst ständig, etwas zu rekonstruieren, was verloren ist.

Du übersiehst, dass du ohne deine eigene Zustimmung nichts verlieren kannst. Du musst nur dann etwas entbehren, wenn du ein gespaltenes Bewusstsein darüber hast, wenn du etwas nicht in seinem vollen Wert schätzt. Wenn du trauerst, bleibt das in dir verborgen, was das Verlorene nicht wirklich geschätzt hat, während du deinen Schmerz erfährst.

Manchmal weigerst du dich einfach, etwas loszulassen, das du verloren hast, oder jemanden gehen zu lassen, der schon gegangen ist. Erst wenn du den Teil deines Geistes erkennst, der bereit war, das zu verlieren, kannst du zum nächsten Schritt gelangen. An der Vergangenheit festzuhalten kann zu einem Vorwand werden, um nicht voranzugehen und sich dem nächsten Schritt zu stellen.

Depressionen sind emotionale Koller oder Wutanfälle, sie offenbaren, in welchem Bereich du dich weigerst, dich mit deinem Leben zu entwickeln. Nur wenn du loslässt und dich dem nächsten Schritt zuwendest, wird sich dein Leben verbessern und dich weiter bringen, als du bisher je gegangen bist. Depression kann zu Todessehnsucht führen, die ein Ausdruck deiner Angst vor dem nächsten Schritt ist. Und doch ist es gerade dies – den nächsten Schritt wirklich zu machen – was dich aus der Depression herausbringt.

Depression kann dir ein Gefühl von Müdigkeit geben, das verhindert, dass du vorwärts gehst. So brauchst du dich deiner Furcht vor Erfolgen nicht zu stellen. Es ist dein Wollen, das dich zum nächsten Schritt tragen kann – oder vielmehr, das den nächsten Schritt zu dir bringt. Wenn du nicht die Kraft aufbringst zu wollen, wird sogar schon die Bereitschaft, wollen zu wollen genügen, dass dein Höheres Bewusstsein den Rest erledigt. Auf lange Sicht befriedigt Depression die Absicht deines Ego, dich abzulenken, aufzuhalten und zu behindern, weil Depression deine Angst davor verbirgt, deine Lebensaufgabe zu erfüllen.

Das Dreieck

Wusstest du, dass die *Psychologie der Vision* eine Landkarte der Evolution des menschlichen Bewusstseins geschaffen hat?

Das Dreieck ist eine Landkarte der Evolutionsspirale, die du durchläufst, während du zu deiner Bestimmung aufsteigst, zu Meisterschaft und Erleuchtung. Sie benennt sowohl die Fußangeln als auch die Wege, sie sagt, wie man durch die Stadien gelangt, die alle Individuen, Paare, Firmen, Organisationen und Länder durchlaufen, während sie aufsteigen. Das Dreieck bietet eine Lösung für den derzeitigen Zeitgeist, die Leblosigkeit und den Burnout, in denen die westliche Gesellschaft und das Geschäftsleben gefangen sind.

Die Landkarte zeigt die Evolution von Liebe, Integrität, Erfolg, Effizienz, Beziehungsfähigkeit, Mitgefühl, Authentizität und Lebensfreude. Sie verweist auf den Weg, der zu Glückseligkeit und Einssein fortschreitet.

Dreiecksbeziehungen

Wusstest du, dass eine Dreiecksbeziehung die Angst vor Innigkeit und Nähe sowie vor Erfolg bei allen Beteiligten spiegelt, aber einfach zu heilen ist?

Jede Dreiecksbeziehung ist das Ergebnis eines ererbten Musters (des Ödipuskomplexes), das in der Kindheit zu wirken begann. Sie ist das Resultat einer Familie ohne Verbundenheit, und in dem Maß, in dem es keine Verbundenheit gab oder sie zerbrochen war, zeigen sich heute Aufopferung, Rollenspiele, Bedürftigkeiten, Mangelbewusstsein, Konkurrenz und Schuld über Siege oder Erfolge, unterdrückte oder übertriebene Sexualität, Schuld in Bezug auf Sex, Furcht vor Sex und Angst vor Nähe.

Falls du die Person im Zentrum einer Dreiecksbeziehung bist, spiegelt das deine Befürchtung, einen Partner zu verlieren, weil du zwischen ihnen wählen musst – wahrscheinlich hat jeder oder jede von ihnen eine Hälfte von dem, was du in einem Partner suchst. Wenn du dich für einen von beiden entscheidest, kann es manchmal zwanzig Jahre dauern, bis er oder sie die Eigenschaften entwickelt hat, die der andere Partner hatte. Und das geschieht nur, wenn du bereit bist, in deiner Beziehung zu heilen und zu lernen.

Wenn du andererseits den Mut hast, dich verbindlich der wahren Liebe zu verpflichten, den nächsten Schritt zu unternehmen und mit deinem wahren Partner zusammen zu sein, dann wird deine Antwort von selbst kommen. Üblicherweise wird sich einer deiner Partner spätestens zwei Wochen nach deiner verbindlichen Entscheidung für die Wahrheit von dir verabschieden. Aber niemand wird sich dabei schlecht, verletzt oder traurig fühlen. Es fühlt sich einfach richtig und wahr an und du wirst die Freundschaft mit ihm beziehungsweise ihr erhalten. Die andere Person wird sich auf dich zubewegen und die Qualitäten beider bisheriger Partner verkörpern, um dein wahrer Partner zu werden.

Falls du dich aus der Position einer der beiden Partner am Rande entschließt, eine echte Lösung zu erreichen, wird sich dein Partner entweder auf dich zubewegen, dir entgegen, oder er wird sich von dir verabschieden. Falls er sich verabschiedet, gibt es auch dabei keine schlimmen Gefühle, und schon nach wenigen Wochen kann dein wahrer Partner auftauchen. Wenn du den Mut hast, die Antwort auf die Zwickmühle einer Dreiecksbeziehung zu empfangen, dann kannst du sie bekommen. Wenn du nichts mehr nur oberflächlich tust, wird sich alles auf die beste und wahrste Weise entfalten.

Ego

Wusstest du, dass es an der Zeit ist, dein kräftig aufgebautes Ego wieder auseinander zu nehmen?

Du brauchst dein Ego, um in der Welt zu funktionieren, es ist ein Lernmechanismus des Geistes. Zu einem bestimmten Zeitpunkt in deinem Wachstum erkennst du jedoch, dass dein Ego zu einer Belastung geworden ist, dass es andere Menschen ausschließt und Liebe und Freude blockiert. Das Ego möchte lieber seine als deine Existenz bewahren. Die Todessehnsucht und die Eigenangriffe, die sich entwickelt haben, wenn du älter bist, werden in Wirklichkeit alle vom Ego erzeugt.

Das Ego treibt die Prinzipien der Trennung, der Besonderheit und des Wettbewerbs auf den Höhepunkt. Es stört Beziehungen und hält dich in den gespaltenen Aspekten deines Bewusstseins fest – und die erzeugen Konflikte.

Dein Ego möchte außergewöhnlich sein – irgendwie immer der Beste und Erste, selbst wenn das bedeuten würde, dass du der Beste im Leiden sein musst. Es verlässt sich auf die Taktik von Ablenkung, Verzögerung und sogar Blockierung deines Wachstums, alles im Bemühen, seine eigene Existenz zu konsolidieren. Es nährt sich von Vergleichen und dem Teufelskreis von Überlegenheits- und Minderwertigkeitsgefühlen. Es stützt sich auf

Furcht, Schuld, Rache und den Kreislauf von Opfer und Täter.

Dein Ego ist voller verborgener Absichten, die du nicht wissen sollst.

Es glaubt fälschlicherweise, dass durch dein Leiden etwas gewonnen werden könnte, weil Leiden das Ego stärkt. Dein Ego wird dir zwar Wege zeigen, wie du die Angst vermindern kannst, es wird dir allerdings niemals Lösungen anbieten, um sie vollständig aufzulösen. Gleichermaßen wird dein Ego vermeintlich nach Liebe und Freude suchen, es aber zugleich verhindern, dass sie gefunden werden. Denn diese Eigenschaften würden dein Ego auflösen, indem sie die Grenzen und Hindernisse abschmelzen würden, die es insgeheim aufgebaut hat.

Eifersucht

Wusstest du, dass deine Eifersucht keinesfalls anzeigt, wie sehr du liebst, sondern lediglich, wie bedürftig du bist?

Du magst wie viele andere die Eifersucht als Maßstab dafür ansehen, wie sehr du jemanden liebst. Immerhin bringt dir jeder, der dich aus einer selbstzufriedenen Unabhängigkeit herausholt, Gefühle des Verlangens und der Zärtlichkeit zurück. Und doch ist Eifersucht einfach ein Zeichen, dass du im Wechselspiel von Abhängigkeit und Unabhängigkeit in einer Beziehung auf der Seite der Abhängigkeit steckst.

Eifersucht wirkt abweisend und unattraktiv und sie ist eine Form der emotionalen Erpressung, die andere zu Geiseln deiner Unsicherheiten macht. Wenn jemand in dir Eifersucht erweckt, nutze das als ein Signal dafür, wie viel an Bedürftigkeit und simpler Abhängigkeit du in einer Beziehung noch auflösen musst, bevor sie funktioniert.

Du kannst ermessen, wie viel Eifersucht du selbst in dir hast, ganz gleich, auf welcher Seite du in eurer Beziehung gerade stehst – addiere einfach, wie viel Eifersucht du und dein Partner zusammen auf die Waage bringen. Das wird dir anzeigen, welches Maß an alltäglicher bewusster und unterbewusster Eifersucht jeder Einzelne von euch hat.

Kommunikation ist sehr hilfreich, wenn sich in deiner Beziehung Eifersucht zeigt, weil Kommunikation dir und deinem Partner die Chance auf gegenseitige Unterstützung und Bestätigung gibt. Falls du der eifersüchtige Partner bist, ist es wichtig, dass du diesen Austausch nicht dazu benutzt, deinen Partner zu kontrollieren. Das würde sich bald gegen dich richten, auch wenn du damit erst mal Erfolg hättest. Du könntest die Schlacht gewinnen, aber am Ende den Krieg verlieren.

Wenn du beim Austausch Verantwortung für deine Gefühle übernimmst, kannst du dich zurückarbeiten bis zu den Wurzeln des Problems. Wenn du die Verletzung jener Ursprungssituation heilst, wirst du auch von deiner gegenwärtigen Eifersucht befreit. Auch wenn du den Ursprung des Schmerzes nicht entdeckst, wird dich der umfassende Austausch mit deinem Partner bereits erleichtern und befreien.

Wenn dein Partner der beziehungsweise die Eifersüchtige ist, kann deine Bestätigung und Unterstützung entscheidend sein, selbst dann, wenn er oder sie gar nicht zuzuhören oder darauf einzugehen scheint. Das Einzige, was noch schlimmer ist, als einen eifersüchtigen Partner zu haben, ist, selbst eifersüchtig zu sein. Wenn du erkennst, dass dein Partner den Schmerz und die Eifersucht von euch beiden trägt, kann dich das motivieren, aus etwas mehr Abstand heraus zu helfen, bevor die Eifersucht wieder auf deinem Rücken landet. Es ist viel leichter, Eifersucht zu heilen, wenn dein Partner darin gefangen ist, als wenn du selbst darin verstrickt bist.

Wusstest du, dass der Grad deiner Eifersucht das Maß für deinen Mangel an Bindungsfähigkeit ist?

Dein Wankelmut spiegelt dir wider, wie eifersüchtig du bist. Eifersucht entsteht aus Bedürftigkeit und Abhängigkeit. Du möchtest von deinem Partner Rückversicherungen. Du forderst ungeteilte Aufmerksamkeit und Liebe, um dich zu einem ganz besonderen Menschen zu machen.

Unbetrauerter Verlust, Schmerz und Herzbruch führen zu einer Bewusstseinsabspaltung in dir und zu Eifersucht. So unglaublich das scheinen mag: Deine Eifersucht spiegelt nicht deine Hingabe an den Partner. Vielmehr zeigt sie eine Form des Nehmens oder eines Gebens aus der Motivation heraus, zu nehmen, anstatt des bedingungslosen Gebens wahrer Liebe.

Wenn du bedürftig bist, könntest du dich an fast jeden hängen, der den Anforderungen deines Ego genügt, um diese Bedürfnisse zu erfüllen. Wenn der Schmerz deiner Bedürftigkeit und Eifersucht dich in den Zustand der Unabhängigkeit wirft, zeigen sich diese Bedürfnisse als gänzlich unbeständig. In diesem Zustand suchst du nach einer neuen Anziehung, um deine Bedürfnisse zu erfüllen, anstatt dich deinem nun abhängigen Partner gegenüber zu verpflichten.

Eigenverantwortlichkeit

Wusstest du, dass du für das verantwortlich bist, was sich in deinem Leben ereignet, und für alles, was dir passiert?

Wenn du dieses Prinzip akzeptierst, kannst du dich aus der Falle der Schuldzuweisungen und Schuldgefühle befreien, welche die meisten Menschen ihr Leben lang festhält. Du erkennst dann, dass du wie jeder andere auch einige schwere Fehler gemacht hast – Fehler aber können korrigiert werden.

Indem du die Verantwortung übernimmst, schließt sich deine Bewusstheit so auf, dass du die in dir versteckten Formen von Verdrängung, Verweigerung, Dissoziation, Kompensation und Projektion entdeckst. Alles, was du im Laufe der Zeit in deinem Unterbewusstsein oder in deinem Unbewussten begraben hast, kann ans Licht gebracht werden, indem du erkennst, dass dein Geist die äußere Wirklichkeit erschafft. Durch diesen Prozess wirst du ein vertieftes Verständnis deiner selbst und der Menschen um dich herum entwickeln und anfangen, Absicht und Sinn in deinem Leben zu sehen.

Verantwortlichkeit bringt Freiheit mit sich und die Fähigkeit, die eigenen Kräfte zu erkennen und zu nutzen. Das wiederum hilft dir, schmerzliche Emotionen zu entdecken, zu erfahren und freizugeben, damit du von ihnen nicht länger beherrscht wirst. Wenn die Verantwortlichkeit dich erst einmal gelehrt hat, anderen keine Schuld zu geben, zeigt sie dir, auch dich selbst nicht zu verurteilen. Du erkennst vielmehr, dass du unter den gegebenen Umständen stets das für dich Richtige getan hast – und du entdeckst Möglichkeiten, in Zukunft noch besser zu handeln. Schuld besitzt keinen Wert. Sie ist eine Verteidigungsmethode, die dir eine Ausflucht bietet. Du gehst keinen Schritt voran, wenn du den Fehler verstärkst, anstatt seine Lektion anzunehmen. Schuld hält dich fest, weil sie eher dazu führt, dass du dich selbst attackierst, als dass sie dich den Fehler korrigieren lässt. Deine Heilung kann erst vollständig und abgeschlossen sein, wenn du andere als unschuldig ansiehst und dich selbst wirklich unschuldig fühlst.

Wusstest du, dass all deine Probleme das Ergebnis von Entscheidungen sind, die du zuvor getroffen hast?

Alles, was du wahrnimmst und in der Welt erlebst, ist ein Produkt deines Geistes. Wenn du dein Bewusstsein veränderst, veränderst du die Welt. Die Ereignisse deines Lebens erfolgen als Konsequenz deiner Entscheidungen. Diese fallen oft im Bruchteil einer Sekunde und werden sofort unterdrückt. Andere Entscheidungen fällst du in deinem Unterbewusstsein und sie spiegeln das wider, was du glaubst, verdient zu haben, oder was du denkst, zu deinem Glück zu brauchen. Wenn schmerzliche Ereignisse in dein Leben treten, geschieht das, weil dein Geist gespalten ist – deine unbewussten Wünsche entsprechen nicht deinem bewussten Wollen.

Du schreibst dein Lebensskript auf einer unbewussten Ebene. Wenn es in deinem Leben ein immer wiederkehrendes Thema gibt, spiegelt es eine Geschichte, die du schreibst. In dir laufen viele Handlungsstränge parallel ab, sowohl positive als auch negative. Negative Storys könnten so etwas wie Dramen aus Fernseh-Seifenopern sein, es gibt dort Todesfälle, gebrochene Herzen, Tragödien, Rache, Schuld, Märtyrertum, Dominanz und so weiter. Mit jeder Geschichte, die du schreibst, verfolgst du eine Absicht. Du bist für dein Lebensskript verantwortlich, auch dann, wenn Fehler auftauchen.

Die meisten unangenehmen Dinge, die dir zustoßen, entspringen deinen ungelösten Mustern der Seele, der Familie, der Beziehungen und deiner Opferhaltung. Sie sind die Folge deines Verlangens nach Dingen, die dich niemals glücklich machen können, sie stammen aus deinen falsch verstandenen, unnützen Wünschen. Indem du die Verantwortung übernimmst, erhältst du die Einsicht und Kraft, die fehlerhaften Entscheidungen, die du getroffen hast, zu erkennen und dich neu zu entscheiden.

Wusstest du, dass dir niemand irgendetwas antun kann, was du dir nicht bereits selbst zufügst?

Die äußeren Ereignisse und Situationen in deinem Leben spiegeln die Geschehnisse in deinem Inneren. Die beiden Welten können nicht voneinander getrennt werden. Wenn du dich zum Beispiel schuldig fühlst, wirst du dich selbst bestrafen, indem du jemanden oder etwas zum Instrument deiner Bestrafung machst.

Wenn dich jemand angreift, spiegelt das eine Situation

in deinem Geist, in der du dich selbst angreifst. Dein Bewusstsein ist voller Widersprüche, die die Konflikte in dir deutlich zeigen. Jede Spaltung in dir spiegelt, wie Teile deines Geistes im Konflikt miteinander stehen und sich attackieren. Du projizierst den Teil des Konfliktes nach außen, mit dem sich dein Bewusstsein am wenigsten identifiziert. Er taucht in deiner Welt als jemand oder etwas auf, das dich angreift. Und doch ist diese Attacke nur eine Spiegelung deines eigenen inneren Konfliktes. Wenn du das Problem in dir heilst, wird der Angriff von außen aufhören. Wirklich! Entweder verändert sich die entsprechende Situation oder deine Reaktion auf die Situation wird eine andere werden.

Ein Beispiel für einen inneren Konflikt, der äußerlich zum Ausdruck kommt, ist Krankheit. Es scheint so, als ob du von einem Virus, einem Bakterium oder einem Tumor angegriffen wirst, der die Krankheit verursacht. Und doch kannst du gar nicht krank werden, es sei denn, du greifst dich selbst an und lebst das auf der Ebene deines Körpers aus.

Wusstest du, dass dir niemand irgendetwas antun kann, was du nicht anderen auf irgendeiner Ebene ebenfalls antust?

Als menschliches Wesen bist du in der Lage, viele der negativen Dinge, die du tust, vor deinem eigenen Bewusstsein zu verstecken. Auf der oberflächlichsten Ebene betrachtest du dich als den Star, den Heiligen, den Helden und vor allem als das unschuldige Opfer: als eine gute, süße Person, die stets durch die anderen verraten und ernsthaft geschädigt wird. Dabei leugnest du vollständig deine Komplizenschaft und deinen eigenen Beitrag zu deinen Problemen.

Du siehst zum Beispiel nicht, dass all die Wunden deiner Herzbrüche in Wahrheit von Machtkämpfen herrühren, in denen du andere leidenschaftlich angegriffen hast und sie emotional erpresst hast im Versuch, deine Bedürfnisse zu befriedigen. Gleichzeitig hast du Rache genommen an früheren Beziehungspartnern (besonders an deinen Eltern), von denen du nicht so behandelt worden bist, wie du es gewünscht hast. Du siehst nicht, dass es die Wunden in deinem Herzen sind, die dir Dinge zu tun erlauben, die du immer schon machen wolltest – wie zum Beispiel dich scheiden zu lassen oder eine Affäre zu haben, weil dein Partner auch eine hatte. Du erntest, was du gesät hast. Keiner kann dir etwas antun, was du nicht schon anderen angetan hast. Wenn du andere angreifst, auch wenn dieser Angriff nur mental, nur durch deine Urteile erfolgt, bringst du dich automatisch in die Lage, dass dich andere Menschen attackieren.

Jedes Mal, wenn du versagst, jedes Mal, wenn du verletzt oder angegriffen wirst, attackierst du dir Nahestehende und Gott, indem du ihnen die Schuld zuweist. Dies trägt zu einem Teufelskreis bei, indem es dir noch mehr Gründe für weitere Angriffe gibt.

Wusstest du, dass du dir das, was du anderen antust, selbst zufügst?

Was dir im Leben passiert, folgt nicht nur dem Gesetz des Karma, das besagt, dass das, was du anderen angetan hast, früher oder später auch dir selbst geschieht. Wir sprechen hier von zwei Gesetzen des Geistes. Das erste ist, dass du dich für alles Negative bestrafen wirst, was du denkst oder tust. Das andere ist, dass du natürlich dafür verantwortlich bist, wie du andere Menschen behandelst. Trotz deiner Bemühungen, dich von deiner Umgebung abzugrenzen und dich selbst auf besondere Art und Weise zu behandeln, bleiben deine Gedanken und Verhaltensweisen nicht geheim. Du wirst mit dir selbst immer wieder so umgehen, wie du es mit anderen tust. Wenn du zum Beispiel jemanden beurteilst, ist das ein Versuch, dich von ihm oder ihr zu trennen, damit du dich überlegen fühlen kannst. Wenn du jemanden jedoch beurteilst, urteilst du gleichzeitig auch über dich selbst. Damit ist jede Beurteilung in ihrer Wirkung auch eine Selbstbeurteilung. Diese aber führt zu Selbstbestrafung und du wirst andere Leute benutzen, dies in die Tat umzusetzen.

Auf der höchsten esoterischen Ebene ist deine gesamte Welt ein Traum, den du nach außen projizierst. Die Träume, die du im Schlaf hast, sind Produkte deines Geistes, die deine unterbewussten und unbewussten Anteile unmittelbar darstellen. Auf dieselbe Weise wird dein Wachzustand von deinen projizierten Wünschen bevölkert, von Glaubenssätzen, Konflikten und eigenen Konzepten, auch von denen, die vor deiner bewussten Wahrnehmung am besten verborgen sind.

Jede Gestalt in deinem Traum stellt einen Aspekt deiner selbst dar. Jeder Mensch in deiner Umgebung offenbart dir deine eigenen tiefsten Gedanken über dich. Jeder

Mensch ist ein Teil deiner selbst. Deshalb trifft es zu, dass du tatsächlich dir selbst antust, was du anderen zufügst. Jeder Angriff, den du auf andere startest, richtet sich letztlich gegen dich selbst.

Alle Menschen manifestieren täglich die Dramen und Geschichten, die ihrem Geist entspringen. Die gute Nachricht bei alldem ist: Indem du für deinen großen Traum Verantwortung übernimmst, nutzt du die Fähigkeit, deine Welt durch Heilung, Integration und Vergebung zu verändern. In dem Maße, in dem du dich von Eigenattacken befreist, die dich dazu verleiten, andere anzugreifen, steht dir all die Kraft zur Verfügung, mit der du ein glückliches Leben erschaffen kannst.

Wusstest du, dass es so etwas wie ein zufälliges Unglück nicht gibt?

Ein Teil deines Geistes plant ständig, was dir passieren wird, auch wenn du das vor deinem Bewusstsein unter Wolken der Verleugnung versteckst. In dem Maße, in dem du dir dessen bewusst wirst, was du versteckt hältst, bestärkst du deine eigene Kraft, dich neu zu entscheiden. Weil du dir darüber im Klaren bist, dass dein Geist zersplittert ist, erkennst du, dass verschiedene Teile deines Bewusstseins unterschiedliche Ziele anstreben. Jedes Unglück ist das Ergebnis eines Bewusstseins, das sich in einem Konflikt befindet. Die Kraft, die sich dir entgegenstellt, repräsentiert den Teil eines Konfliktes, mit dem du dich am wenigsten identifizierst.

Es gibt eine Vielzahl von dynamischen Kräften in dir, die jedes beliebige Problem oder Unglück hervorrufen können, zum Beispiel das Bestreben, Recht behalten zu wollen. Aber es trifft immer zu, dass ein Unglück einen Sinn für dich hat. Jedes Mal gibt es eine Art von Ratenzahlung – irgendetwas, das du zu tun hast, oder etwas, das du nicht machen kannst, weil sich das Unglück ereignet hat.

Ohne Verantwortung zu übernehmen, bist du kaum in der Lage, zu vergeben oder eine Situation so weit zu verstehen, um damit umgehen zu können und im Leben voranzukommen. Wut, Schmerz, Schuld und Zorn hinsichtlich einer Situation, in der du dich als Opfer empfindest, werden viel leichter aufgelöst und transformiert, wenn du die Rolle, die du gespielt hast, erkennst und akzeptierst.

Wenn du dir ansiehst, was in deinem Geist vergraben ist, kannst du deine Entscheidungen mit mehr Intelligenz und Bewusstheit treffen. Je mehr du über dich selbst erfährst, desto klarer erkennst du deine eigene innere Kraft und kannst sie nutzen.

Einfühlung (Empathie)

Wusstest du, dass dir ein ganz natürliches Einfühlungsvermögen gegeben ist, das dich die Emotionen anderer Menschen erspüren lässt?

Als Mensch bist du auf natürliche Weise empathisch, das heißt einfühlsam. Wenn du bereit bist, Verbundenheit und Nähe mit einem anderen Menschen zu fühlen, bist du von ihm emotional nicht getrennt. Dir ist der Gefühlszustand der anderen Person zugänglich. Und was noch wichtiger ist: Bereits die Tatsache, dass du ganz bewusst erspüren kannst, was sie fühlt, lädt zur Heilung ein und macht sie erst möglich.

Wenn du dich mit einem anderen auf empathische Weise verbinden willst, wenn du bereit bist, ganz dieser sich einfühlende Mensch zu sein, dann hast du das Recht und die Fähigkeit, eure in dir verbundene Bewusstheit auf die Erfahrung göttlicher Liebe zu richten, die alle Probleme und alle Schmerzen heilt. Dies kannst du tun, indem du dein Bewusstsein auf die verdrängte oder unterdrückte Emotion des anderen lenkst, oder (falls deine oberen Chakras geöffnet sind), indem du deine Aufmerksamkeit auf die göttliche Quelle der Liebe richtest.

Wenn diese Brücken gebaut sind und es ein gemeinsames Bewusstsein zwischen euch beiden gibt, dann hat dein Partner sowohl Zugang zu seinem eigenen emotionalen Zustand als auch zum Gefühl der göttlichen Liebe. Die Transformation oder Transmutation findet in euer beider Bewusstsein statt. Aufgrund deiner Bereitschaft, dich des Themas der anderen Person anzunehmen (und gleichzeitig einer höheren Wahrheit beziehungsweise dem Zustand der Gnade zuzustreben), führst du die niedrigere Schwingung des anderen Menschen in einen höheren Bewusstseinszustand.

Einssein

Wusstest du, dass sich die ganze Menschheit (und damit auch du) langsam zur Einheit und zum Einssein hin entwickelt – zur Erkenntnis, dass es hier nur Einen von uns gibt?

Einheit ist deine höchste Wirklichkeit. Deine persönliche Evolution ist eine Reise, auf der deine Verbindung mit anderen immer mehr anwächst und die größere Selbstverwirklichung, Erfolge und Nähe mit sich bringt. Während du dich entwickelst, wird deine Fähigkeit, Partner und Teil eines Teams zu sein, wachsen, bis du zu einem Führer in Sachen Evolution und Beziehung wirst. Indem du heilst und nach vorne gehst, wirst du empfänglicher und einfühlsamer. Aufrichtige Kommunikation wird Differenzen überbrücken, so dass du dich mit anderen ohne Getrenntheit verbinden kannst. Du wirst dir zunehmend der Bedeutung und Kraft von Beziehungen gewahr, bis du erkennst, dass du mehr als nur ein Faden bist im Gewebe all dessen, was ist – dass du eins mit all dem bist.

Du wirst von einem Stadium der Vision über die Meisterschaft zu Übereinstimmung, Kommunion, Union und schließlich Einheit und Einssein gelangen. Während du zu jener Erfahrung reist, die schon einmal bestanden hat, wirst du zunehmend grenzenlose Liebe erfahren, ekstatische Freude und wirkliche Wunder.

Erleuchtung heißt, zur Einheit zu erwachen, zu einem Bewusstsein vollkommener Liebe und Licht. Das ist dein Schicksal. Jeder wird schließlich dort ankommen.

All deine Entwicklungsschritte werden dich zu größerer Erkenntnis darüber führen, dass deine Beziehung mit anderen deine Beziehung zu dir selbst ist, bis du dich schließlich als (den) Einen erkennst.

Elternschaft

Wusstest du, dass Elternschaft die Erfüllung eines Versprechens ist, das du auf der Seelenebene gegeben hast? Du hast versprochen, die Kinder, die dir geschenkt würden, zu nähren und sich entwickeln zu lassen.

Elternschaft passiert nicht zufällig, sondern aufgrund einer Entscheidung. Sie ist die Erfüllung eines heiligen Versprechens, das du dem Leben gegeben hast. Sie ist eine Gelegenheit, der Welt zu helfen, indem du dich selbstlos in den Dienst eines anderen menschlichen Wesens stellst. Das Maß an Liebe, Verbundenheit, Anleitung, Hilfsbereitschaft, Humor, Spaß und Bewusstheit, das du deinen Kindern gibst, wird von ihnen voller Freude mit der Welt geteilt werden.

Es stimmt auch, dass der Schmerz, den du in dir nicht heilst, an sie weitergegeben wird, so wie Schmerz dir von deinen Eltern übergeben wurde. Deine ständig andauernde Heilung und deine Selbstverpflichtung zu Glück ist ein lebenslanges Geschenk, das du deinen Kindern bescherst. Was du ihnen auch geben magst, es wird auch nach deinem Tod weiterleben als Teil deines Versprechens, die Welt zu einem glücklicheren Ort zu machen. Das, was dich inspiriert, wird sie begeistern und ihre Herzen öffnen. Es ist, als ob eine Kerze in der langen Nacht angezündet wird, ein Geschenk von dir und von ihnen.

Durch deine Kinder erhältst du eine Chance, die Verbundenheit mit deinen Eltern wiederherzustellen, die du verloren oder niemals gehabt hast. Wenn ein solches *Bonding* wieder besteht, kannst du vorangehen, um voller Leichtigkeit Liebe und Erfolg zu erleben. Deine Kinder sind ein Wunder der Liebe von dir und deinem Partner – ein *Joining* eines so kostbaren Augenblicks, ein schöpferischer Ausbruch mit so tief greifender Wirkung, dass der Weg für die Seele geöffnet wird, sich auf diese Reise zu begeben, die du mit ihr teilst.

Wusstest du, dass dir alles, was du an deinen Eltern verurteilst, im Agieren deiner Kinder wiederbegegnen wird?

Vielleicht meinst du, dass alles, was du beurteilst, unterdrückst oder für dich selbst ablehnst, kein Teil von dir sei, nur weil du es nicht sehen kannst. Und doch wird alles, was du in dir begraben hast, eines Tages auftauchen, um dich zu verfolgen, weil deine Kinder nun diese Rollen übernehmen. Das ist einfach deshalb so, weil es das Wesen des Geistes ist, dass jene, die dir am nächsten stehen, dir das zeigen werden, was in dir vergraben und unerlöst ist. Teilweise ist das auch deshalb so, weil du die Eigenschaften, vor denen du Angst hast und die du verurteilst, negativ bekräftigst. Diese negative Verstärkung nehmen deine Kinder an, so wie sie auch deine größten Befürchtungen ausagieren können.

Was du an anderen verurteilst, sind in Wahrheit nur deine eigenen nicht gelernten Lektionen, die du nach außen projizierst. Nur wenn du deine Selbstverurteilung heilst, wirst du aufhören, andere für deine eigenen Mängel zu kritisieren und zu attackieren. Wenn dein Partner oder deine Kinder ein Verhalten zeigen, das du schier unerträglich findest, ist das ein sicheres Zeichen dafür, dass dir da eine deiner Ich-Vorstellungen vorgespielt wird, auch wenn du sie unterdrückt haben magst. Dein Selbstverständnis und dein Vergeben werden den Konflikt in dir und die Trennung von anderen und dein Projizieren auf sie beenden.

Deine Urteile darüber, was deine Eltern nicht richtig gemacht haben, ist eine Abwehr, die du benutzt, um deine eigenen, tiefer liegenden Gefühle des Versagens und der Schuld zu verbergen. Dein Urteil bewirkt, dass du deinen eigenen Kindern gegenüber Rollen einnimmst, weil du so zu handeln versuchst, wie Eltern sich verhalten sollten. Wenn du eine Rolle spielst, kann dein Verhalten angemessen sein, dennoch wirst du deinen Kindern gegenüber unsensibel und nicht authentisch sein. Die ganze Anstrengung ist verschwendet, weil deine Kinder trotz allem direkt das Verhalten übernehmen werden, das du an deinen Eltern ablehnst. Eine Rolle ist eine Abwehr, die nur an der Oberfläche gut aussieht, während sie in Wahrheit die Trennung vertieft und sich auch nicht auf die Suche nach der verloren gegangenen Verbindung macht.

Wenn du dich selbst heilst und dir und deinen Eltern vergibst, lernst du eine lebenswichtige Aufgabe, die mit deinem Lebenssinn und dem deiner Eltern zu tun hat. Es kommt zu wahrer Verbundenheit und du kannst voller Mitgefühl und authentisch auf deine Kinder eingehen.

Wusstest du, dass der wichtigste Faktor dafür, ein guter Vater oder eine gute Mutter zu sein, Vergebung ist und somit Wertschätzung für deine eigenen Eltern?

Alles, was du deinen Eltern nicht vergeben hast in Bezug darauf, wie sie dich großgezogen haben, wirst du unweigerlich in die Beziehung zu deinen eigenen Kindern mitbringen. Vielleicht verhältst du dich genauso, wie es deine Eltern taten, obwohl du das keinesfalls willst. Oder du kompensierst, indem du äußerlich richtig handelst, aber ohne echte Bindung, was dazu führt, dass sich deine Kinder ungeliebt fühlen.

Wenn du deinen Eltern vergibst, überwindest du ihre Probleme, anstatt sie zu erben, da auch sie durch deine Vergebung geheilt und transformiert werden. Während du lernst, deine Eltern zu schätzen, wird deine Liebe für sie und für dich selbst wachsen. Das vertieft deine Beziehung zu deinen eigenen Kindern. Jede Wertschätzung bewegt dich im Fluss des Lebens und der Energien vorwärts, anders als Beurteilungen und Anklagen, die dich wie in einer Falle gefangen halten. Anerkennung und Dankbarkeit führen zu Liebe und Freude, sie werden ein natürlicher Teil der Mitgift, die du in die Beziehung zu deinen Kindern einbringst.

Alles, was du deinen Eltern gibst, wird dich in deiner Befähigung als Elternteil stärken. Alle Anklagen, an denen du festhältst, werden irgendwann von dir oder von deinen Kindern wieder ausagiert.

Emotionale Evolution

Wusstest du, dass du einem Weg der emotionalen Entwicklung folgst, auf dem du, angetrieben von deiner Bereitschaft zu wachsen, die Geschwindigkeit selbst bestimmst?

Während du emotional wächst, wirst du offener, kommunikativer und sowohl fähiger als auch williger, dich zu verbinden und zu lieben. Du wirst ganz natürlich auch mehr Weisheit in dein Leben und deine Beziehungen einbringen.

In jedem Menschen vollzieht sich eine natürliche emotionale Evolution, die mit etwas beginnt, das Psychiater den Primärprozess nennen. Wenn du sehr jung bist, hast du keine Abwehr gegen deine Emotionen und keine Kontrolle über sie. Sie sind leidenschaftlich, lebendig, umfassend und in einem gewissen Maß auch überwältigend. Furcht ist dann schrecklich, Wut ist heiß glühend und zerstörerisch und Verletzungen können als verheerend empfunden werden.

Im Verlaufe der Kindheit lernst du deine Emotionen und damit dein Verhalten zu verstehen und zu kontrollieren. Von jetzt ab entwickelst du dich weiter zur Unabhängigkeit. Das Gute daran ist, dass du lernst, auf deinen eigenen Füßen zu stehen, dass du dir selbständig Ressourcen erschließt und die Fähigkeit entwickelst, dich emotional selbst zu erhalten. Der negative Aspekt dieses Stadiums ist, dass du dich als abgetrennt von deinem Schmerz und von deinen Bedürfnissen erlebst.

Wenn du weiter wächst und durch diese Phase hindurchgehst, lernst du, das Verlangen, dich selbst und andere zu kontrollieren, aufzugeben, und du stellst dich dem, was du verborgen und von dir getrennt hast. Nun wirst du auch fähig sein, die Bereitschaft für einen Lebenspartner zu entwickeln. Wenn du bereits einen Menschen an deiner Seite hast, wirst du nun mit ihm auf ein neues Niveau der Beziehung gelangen.

Nach dem Abschluss dieser Phase erreichst du das Stadium von Kommunikation, Partnerschaft und Interdependenz, also gemeinschaftlicher Verflechtung. Auf dieser Ebene wirst du wieder willens, die unbewussten Emotionen des Primärprozesses zu erfahren und zu heilen.

Jetzt hast du die Reife, dich mit den Gefühlen von Versagen und Schuld auch in deinen Familien- und Seelenbezügen auseinander zu setzen, bis du geistige Ruhe und Freude gefunden hast. Zu diesem Zeitpunkt wird deine Fähigkeit, auch für dich selbst Liebe, Freude und Gnade zu empfangen, sehr machtvoll sein. Du hast ein Stadium von Meisterschaft erreicht.

Wie rasch du diese evolutionären Phasen durchläufst, um Erleuchtung zu erlangen, liegt an dir. Du brauchst für diesen Weg Mut, Liebe zur Wahrheit, die Erkenntnis, wie hilfreich emotionale Reife und Weisheit sind, und den Wunsch, anderen zu helfen.

Emotionen

Wusstest du, dass diese Welt ein Klassenzimmer ist? Und die Lehrmittel sind deine Emotionen.

Du besitzt eine Form der Intelligenz, die von unserer Gesellschaft nur selten bemerkt oder gar gemessen wird. Und doch ist sie ein wichtiger Aspekt deiner Entwicklung und deines Wachstums – sie steht im Zentrum deiner spirituellen Evolution. Die Form dieser Intelligenz ist die emotionale Intelligenz.

Du bist in dieser Welt, um ein emotionales Leben zu führen, um deine emotionalen Reaktionen in Weisheit, Reife und Liebe zum Selbst zu verwandeln. Denn das ist es, was dich auf deinem Weg der Evolution voranbringen wird. Die alten vedischen Schriften sagen, dass sogar Himmelswesen auf die Erde kommen und eine menschliche Form annehmen müssen, um sich zu entwickeln. Es ist wirklich so: Mensch zu sein heißt, Emotionen zu erfahren.

Deine Emotionen sind Schwingungen, und wenn sie nicht behindert werden, fließen sie auf natürliche Weise durch dein Bewusstsein und werden freigegeben. Sie bieten dir eine notwendige Rückmeldung über die Entscheidungen, die du triffst. Wenn du auf eine Situation mit (Vor-)Urteilen oder einem Angriff reagierst, muss das darauf folgende emotionale Ergebnis irgendeine Art von Schmerz sein. Wenn du auf entgegengesetzte Weise reagierst, indem du Liebe oder Vergebung bietest, wird das natürliche emotionale Resultat irgendeine Form von Beglückung sein. Der Grund, warum du hier auf dieser Erde, in diesem menschlichen Körper lebst, ist, zu lernen, dich immer und immer wieder für die Liebe zu entscheiden und so die Unschuld jedes menschlichen Wesens zu erkennen.

Wenn du dich dagegen wehrst, bestimmte schmerzliche Gefühle zu erfahren, schließt du sie nicht ab, löst du sie nicht auf und wirst dadurch auch nicht frei von ihnen. Du lagerst sie in deinem irdischen Körper ab, der in Wahrheit nur ein Teil eines ganzheitlichen Systems von feinstofflichen Körpern ist. Wenn du darauf beharrst, die Emotionen, die du geschaffen hast, nicht erfahren zu wollen, wirst du zwar deinen Alltag leben können, du wirst aber vieles, was dir das Leben an Erfahrung bieten kann, einfach nicht erspüren. Du wirst in deinem alten Schmerz eingesperrt und an deine Vergangenheit gekettet sein.

Wusstest du, dass dich niemand etwas spüren lassen kann, was du nicht bereits jetzt schon fühlst?

Wenn dich jemand beschimpft, weil du eine Bank überfallen haben sollst, obwohl du das ganz sicher nicht getan hast, bist du vielleicht überrascht, amüsiert oder ärgerlich – du würdest dich aber nicht schuldig fühlen. Was aber, wenn jemand meint, du wärst deinen Eltern kein guter Sohn oder keine gute Tochter oder du wärst keine gute Mutter oder kein guter Vater oder du wärst kein guter Liebhaber oder kein guter Freund? Das könnte dich sehr leicht veranlassen, Schuld zu empfinden und eine negative emotionale Reaktion zu spüren. Die Schuld, die du fühlen würdest, würde sich deshalb entladen, weil du sie tief in dir schon gespürt hattest. Wenn du dich nicht schon irgendwie schuldig fühlen würdest, wärst du einfach nur verblüfft darüber, warum jemand solche Urteile über dich abgibt.

Zu meinen, dass jemand anderes dich tatsächlich etwas für dich Neues fühlen lassen könnte, ist gleichbedeutend damit zu meinen, dass er oder sie dich beherrschen kann. Es bedeutet, dass dieser Mensch tatsächlich in dich eindringen könnte und den Hebel für deinen Zorn ziehen oder den Schuldknopf drücken oder dich in Scham, Furcht oder Herzschmerz stürzen könnte.

Die Emotionen, die du fühlst, unterliegen deiner freien Entscheidung, die du – manchmal in Sekundenbruchteilen – in Reaktion auf äußere Anreize triffst. Dieses Geschehen im Außen ruft ähnliche Emotionen aus der Vergangenheit wach, die in Schichten in dir abgelagert sind, jederzeit bereit, sich in die gegenwärtige Situation zu ergießen. Die Wut, die du in einem Moment spürst, hat unter Umständen sehr wenig mit dem Menschen oder mit der gegenwärtigen Situation zu tun. Was machst du also mit dieser Emotion? Auf jene einschlagen, die sie nicht verursacht, sondern nur ausgelöst haben, oder Verantwortung für deine Gefühle annehmen und sie an der Quelle heilen?

Wenn sich andere Leute dir gegenüber auf unangenehme Weise verhalten und deine eigene Negativität dadurch ausgelöst wird, solltest du erkennen, dass negative Emotionen ein Hilfeschrei sind und dass diese Gefühle ein Signal darstellen für das, was nicht in Ordnung ist und nicht funktioniert. Wenn du sie jedoch stattdessen als einen Vorwand benutzt, um dich von anderen weiter abzutrennen, wirst du damit dein Ego stärken und eine gute Gelegenheit verpassen, deine emotionale Intelligenz zu fördern und zu heilen. Wenn du dich für deine Reife entscheidest, indem du die negativen Emotionen anderer Personen als eine Chance für Heilung und Entwicklung siehst, dann hilfst du dir selbst ebenso wie der ganzen Welt.

Wusstest du, dass es in deinem Bewusstsein ein Selbstreinigungssystem gibt?

Du hast ein Selbstheilungs- und Selbstreinigungssystem in deinem Geist, das auch ohne deine bewusste Wahrnehmung funktioniert. Es ist bestrebt, das Rohmaterial der in dir abgelagerten Emotionen herauszufiltern, um es in emotionale Weisheit zu verwandeln. Dieser Selbstheilungsmechanismus ist der natürliche Instinkt deines Bewusstseins, den alten Emotionen gegenüberzutreten, sie zu lösen und freizugeben, damit der Veredlungsprozess stattfinden kann.

Dein Geist stellt sich diesen alten, vergrabenen Emotionen in der sich jetzt entfaltenden Gegenwart vermittels neuer Ereignisse, die einen ähnlichen Schmerz auslösen. Das neue Gefühl durchschwingt deinen Emotionalkörper und kurbelt die verborgenen Gefühle in den Tiefen deines Unterbewusstseins und deines Unbewussten an. Wenn die alte Emotion auf diese Weise herausgelöst wird, steht sie deiner Erfahrung wieder zur Verfügung und kann durch die Wachheit deines bewussten Geistes endlich freigegeben werden.

Wenn die früher tief eingebettete Emotion die Oberfläche deines Bewusstseins erreicht, wenn sie erfahren und freigegeben wird, verstärkt sich deine emotionale Intelligenz und du schreitest in deiner Entwicklung zu Reife und Evolution ein gutes Stück voran. Emotionen zu spüren kann dich nie verletzen. Du leidest und wirst nur dann geschädigt, wenn du deine Emotionen nicht fühlst.

Du kannst wählen, was geschehen soll, wenn dein Alltagsleben in dir gelagerte Emotionen auslöst oder aufweckt. Du kannst die Gelegenheit nutzen, um dich zu heilen, indem du die alte Emotion zusammen mit der neuen freigibst. Oder du bringst die Kraft auf, die neue Emotion zusammen mit jener aus der Vergangenheit noch tiefer einzusargen, und verstärkst damit dein Bedürfnis nach Heilung ein weiteres Mal.

Jegliche störende Erfahrung, die in deiner Welt auftaucht, ist eine Chance, die sich dein eigener Geist geschaffen hat – sie ist ein Versuch, ein altes Hindernis anzugehen. Deine vergrabenen Emotionen wirken wie ein Magnet, der zu ihnen passende Umstände in deiner Welt anzieht oder erzeugt. Du hast wie alle Menschen diesen Zwang, deine Traumata zu wiederholen, bis sie vollständig geheilt worden sind.

Du trägst eine große Zahl an unveredelten Lebenserfahrungen in dir. Diese unbewusste Erfahrung ist das Rohmaterial, aus dem Schönheit, Stärke und Weisheit entstehen kann und das deshalb nur darauf wartet, entdeckt zu werden.

Wusstest du, dass man dir als Kind wahrscheinlich beigebracht hat, deine Emotionen als deine Feinde anzusehen und sie zu kontrollieren und abzuschneiden?

Wenn du fähig bist, das Leben vom Zentrum deines Herzens aus zu erfahren, hast du vollkommene emotionale Bewusstheit. Du weißt dann, was du spürst. Wenn etwas geschieht, interpretierst du in deinem Geist, was es bedeutet, und unbewusst erzeugst du Emotionen, die sich deiner Deutung anpassen. Es hängt dann von deinem Reifegrad ab, ob du ausagierst, was du fühlst, oder nicht.

Als kleines Kind hattest du wenig emotionale Kontrolle, also hast du beispielsweise jemanden geschlagen oder etwas zerbrochen, wenn du wütend warst. Wenn du Eifersucht gespürt hast, hast du vielleicht versucht, den Kinderwagen mit deinem kleinen Bruder umzustoßen.

Wegen dieses Mangels an emotionaler Beherrschtheit hast du dann Probleme bekommen. Alles hing davon ab, wie deine Umgebung reagierte und wie Menschen dich behandelten, wenn du deine Emotionen so ausagiert hast. Vermutlich hast du gelernt, Emotionen, die du geschaffen hast, zu dissoziieren, sie zu unterdrücken oder ihnen einfach nicht zu vertrauen, um nicht in Schwierigkeiten zu kommen.

Wenn du dissoziiert bist, also in dir gespalten, dann beschützt du dich damit selbst davor, irgendetwas Unangenehmes zu fühlen. Nur sehr dramatische Erfahrungen von Emotionen erreichen dein Bewusstsein wirklich. Damit schneidest du dich leider auch von jeder Hoffnung ab, Glück oder Liebe zu erfahren. Je dissoziierter du wirst, desto mehr Einsamkeit und Depression sperrst du in dir ein.

Wenn du dich vom Leben und deiner Umwelt trennst, trennst du dich auch von dir selbst. Das ist so, als würdest du die Energieverbindungskabel in dir durchtrennen. Wenn du ein wichtiges Kabel durchschneidest, wird dich das auf vielerlei Weise beeinflussen. Es wird deine emotionale Gesundheit stören, was auch zu einem Mangel an physischer Gesundheit führen kann.

Wusstest du, dass Krankheiten und Unfälle nicht zufällig passieren?

Jede Krankheit ist ein Versuch deines Geistes, Emotionen aus deinem holistischen Körpersystem heraussickern zu lassen. Wenn du zum Beispiel eine Erkältung bekommst, ergibt sich parallel dazu eine Emotion, die Teil der Erfahrung der Erkältung wird. Du hast vielleicht Selbstmitleid oder bist traurig darüber, dass du krank bist, obwohl das womöglich eine gute Gelegenheit ist, alten Kummer oder Schmerz langsam aus deinem Körper herauswandern zu lassen und damit abzustoßen. Leider benutzt dein Ego die Krankheit allzu häufig dazu, dich von deinen Emotionen abzulenken, und du verpasst die Chance zur Heilung.

Wenn sich die Schlacke deiner alten Emotionen schon sehr hoch aufgetürmt hat, sollte es sogar im Mittelpunkt deines Interesses liegen, eine schwere Krankheit zu erfahren, eine körperliche Verletzung oder sogar einen Nervenzusammenbruch. Damit würdest du wieder mit deinen Emotionen in Kontakt kommen, durch sie hindurchgehen und sie dann freigeben können. In diesen Situationen ist es immer sehr hilfreich, die natürliche Gefühlserfahrung, die auftaucht, so tief und rasch wie möglich zu erspüren.

Du könntest Gefühle haben wie: »Ich Armer, ich Arme, mir geht es wirklich schlecht«, oder: »Das Leben ist ungerecht«, oder: »Warum passiert mir immer wieder so etwas Schlimmes?«, oder: »Was habe ich falsch oder schlecht gemacht, dass ich das verdiene?«, oder: »Ich wünschte, ich könnte sterben«. Indem du solche Gefühle erspürst, haben deine unterdrückten Emotionen eine Chance, ins Bewusstsein aufzusteigen. Wenn das abgeschlossen ist, brauchst du keine äußeren Einflüsse mehr, die dich herausfordern, um Emotionen auszulösen und freizugeben, und du wirst frei, wirklich zu gesunden.

Wusstest du, dass du ein grundlegendes Menschenrecht darauf besitzt, deine Emotionen zu erfahren – auch dann, wenn sie nicht edel oder positiv sind?

Du hast das Recht, jedes Gefühl, das auftaucht, zu erspüren – einfach deshalb, weil es deines ist. Es kann gut sein, dass du dir die Erlaubnis nicht gibst, bestimmte Emotionen zu spüren, besonders Ärger oder Wut. Deine ganze Kindheit und Jugend hindurch bist du dazu erzogen worden, dieses grundlegende und natürliche Gefühl zu leugnen. Es ist wichtig für dich, Zorn zu erkennen, wenn du ihn erschaffst – nicht, weil es wahr oder nobel wäre, zornig zu sein, sondern weil die Unterdrückung von Ärger und Wut dir schaden. Und wenn du dir nicht selbst erlaubst, deines Zorns gewahr zu werden, kannst du nie echte Nähe zu einem anderen Menschen entwickeln.

Du kannst Ärger nur eine gewisse Zeit unterdrücken oder verdrängen. Danach wird dich dein Selbstheilungsmechanismus mit irgendeinem kleinen, irritierenden Ereignis konfrontieren, welches deinen abgelagerten Zorn in dir aktiviert, und du wirst explodieren und den Ärger bei einem unschuldigen Unbeteiligten abladen.

Einer der Gründe, warum du keinen Zorn fühlen möchtest, könnte sein, dass du nicht weißt, dass du Ärger sicher erspüren kannst, ohne einen anderen zu verletzen. Du bist ja kein kleines Kind mehr, das keine Kontrolle darüber hat, was es sagt oder tut. Du kannst Zorn spüren, ohne ihn nach außen auf jemand anderen zu projizieren. Wenn du Ärger auf diese Weise zu erspüren lernst, ohne dass er sich in Aktionen niederschlägt, wird es für deine Mitmenschen zum ersten Mal ungefährlich sein, dabei in deiner Nähe zu sein.

Wusstest du, dass es keine bodenlosen emotionalen Löcher in dir gibt?

Du versuchst wahrscheinlich, tiefe und machtvolle Erfahrungen zu vermeiden, weil du Angst hast, in einen bodenlosen Gefühlsbrunnen zu fallen, aus dem du nicht mehr herauskommst. Glücklicherweise gibt es einen solchen unendlich tiefen emotionalen Brunnen nicht. Sogar die mächtigsten unterdrückten Gefühle können zu handhabbaren Portionen zusammengeschnürt und dann eingelagert werden. Diese Lager sind eigentlich eher Eimer als Brunnen; sie haben einen deutlichen Anfang und ein sichtbares Ende.

Das Verständnis und die liebevolle Unterstützung durch

einen anderen Menschen sind weitere wertvolle Elemente (auch wenn es gar nicht nötig sein müsste), dir zu erlauben, durch dein Bewusstsein zu wandern und geheilt zu werden. Ob in der Kindheit oder im Erwachsenenalter: Wenn du Unterstützung, Akzeptanz und Ermutigung erfährst, kannst du die Kraft finden, jede Emotion wirklich zu erspüren.

Es hilft dir vielleicht bei deiner Heilung, zu wissen, dass du schon immer deine ganze unterdrückte Emotion fühlst – du hast deine Bewusstheit aber davon einfach abgespalten. Wenn du dem Schmerz gestattest, in dein Bewusstsein zu gelangen, wirst du in der Lage sein, dich durch ihn hindurchzubewegen, um in einen Zustand der Gnade und Dankbarkeit zu kommen.

Empfangen

Wusstest du, dass du empfängst, was du glaubst zu verdienen? Du wirst jedoch nicht glauben, wirklich zu verdienen, was du dir einfach nimmst.

Du verdienst alles Gute, aber du wirst nur so viel empfangen, wie du deiner Einschätzung nach wert bist. Alles, was du nimmst, kannst du nicht wirklich annehmen, stattdessen wirst du dein Nehmen mit deinem Bedürfnis entschuldigen und rechtfertigen. Selbst wenn du das Begehrte dann besitzt, wirst du nicht glauben, dass du es wert bist und dass es dir zusteht. Wenn du deine Unschuld erkennst, spürst du deinen Selbstwert und eine Art der Wertigkeit, die dich für das, was gegeben wird, empfangsbereit machen. Auch das Geben beschert dir dieses Gespür für einen Wert und hilft dir, dich des Empfangens für würdig zu erachten.

Wenn du Mangel erfährst, blockierst du dich selbst im Empfangen, als einen versteckten Angriff auf jemanden, der dir nahe steht. Das ist eine Methode, jemand anderem die Schuld für deine Bedürftigkeit zu geben. Zugleich ist Mangelbewusstsein ein Angriff auf Gott: Du gibst Ihm die Schuld dafür, dass Er kein guter Gott ist, der dir auf rechte Weise hilft. Und doch ist Gott, per definitionem, das, was allen alles gibt. Du bist derjenige, der kontrolliert und einschränkt, wie viel zu dir kommt.

Deine Weigerung, alles zu empfangen, was dir gegeben wird, ist eine Strategie deines Ego. Sie ist ein Vorwand, mit Gott zu streiten, Ihm Schuld zuzuschieben, damit du rechtfertigen kannst, Seinen Platz zu beanspruchen. Im tiefsten Grund ist dein Mangelbewusstsein eine Fehlinvestition, ein Autoritätskonflikt, der dich daran hindert, all das zu haben, was gut für dein Leben wäre.

Entscheidung

Wusstest du, dass alles genauso ist, wie du es willst?

Wenn du erkennst, dass tatsächlich alles genauso ist, wie du es möchtest, hilft dir das, deine Kraft zu entdecken. Das erlaubt dir, deine Entscheidungen darüber, was in deinem Leben passieren soll, bewusster zu treffen. Andernfalls wird dich jeder Gedanke und jeder eitle Wunsch, die durch dein Gemüt ziehen, in deinen Wahlmöglichkeiten und Entscheidungen beeinflussen.

Viele Entscheidungen triffst du in Bruchteilen von Sekunden und dann unterdrückst du sie. Andere fällst du auf einer Ebene unterhalb deines Tagesbewusstseins, in deinem Unterbewusstsein oder Unbewussten. Deine Glaubenssätze sind einfach alte Entscheidungen, denen du Macht verliehen hast, indem du sie immer wieder auf die gleiche Weise getroffen hast. Die persönliche Entwicklung besteht oft einfach darin, dass du deine Wahlfreiheit annimmst.

Vor diesem Hintergrund hast du immer die Wahl, dich für ein Leben zu entscheiden, das so ist, wie du es möchtest. Es braucht vielleicht ein Dutzend positiver Entschlüsse, um die bisherigen negativen in Bezug auf ein bestimmtes Thema zu neutralisieren, doch jede positive Entscheidung wird dich in die Richtung des Glücks bringen. Wenn du erst einmal damit beginnst, im Hinblick auf das jeweilige Thema stets positive Entscheidungen zu treffen, wird dein Wille zu deiner größten Kraft. Wenn du aus ganzem Herzen und mit der vollen geistigen Kraft deines Bewusstseins frei wählst, kann das all deine alten, negativen Entscheidungen in einem Bereich aus dem Weg räumen. Das wird dir auch die Kraft geben, zum Ursprung der Situation oder des Problems zu gehen, als du die erste negative Entscheidung getroffen hattest. Und dann hast du die Freiheit, neu zu wählen.

Ererbte Muster

Wusstest du, dass die Muster, die in deiner Familie über Generationen hinweg gelebt und weitergegeben wurden, dich heute wesentlich beeinflussen?

Wenn du die Bedeutung eines solchen Erbes realisierst, kann dich das motivieren, dich selbst zu heilen. Denn sonst werden die Traumata und der Schmerz, den du in dir trägst, an deine Kinder weitergegeben. Sowohl Talente als auch Probleme sind durch deine Familie hindurch bis zu dir gelangt. Du aber besitzt die Fähigkeit, nicht nur zu verhindern, dass ungünstige Themen und Muster an deine Kinder und Kindeskinder weitergegeben werden, sondern du kannst sie auch für deine Ahnen bereinigen.

Wenn ein Mensch ein Trauma erleidet und es in seiner eigenen Lebenszeit nicht zu heilen vermag, wird es in irgendeiner Form auf die Kinder übergehen. Das Kriegstrauma im Leben eines Menschen kann an die nächste Generation zum Beispiel in Form von Schuld weitergegeben werden, in der dritten Generation kann es sich als Rückzug in sich selbst zeigen, in der vierten erscheint es vielleicht als Kompensation (wobei alles ganz normal aussieht, sich aber wie tot anfühlt), in der fünften drückt es sich als Krankheit aus, in der sechsten Generation führt es zu Beziehungsproblemen und Scheidung und in der siebenten wird das ursprüngliche Kriegstrauma als persönliche Unzulänglichkeit erlebt.

Ererbte Themen sind unbewusste Muster; sie können sich nur dann stetig wiederholen, wenn du sie nicht bemerkst. Sobald du ein ererbtes Muster erkennst, kannst du es zum Beispiel dadurch heilen, dass du die dazugehörige Gabe entdeckst, die du auf der Seelenebene mit in dieses Leben gebracht hast. Sie ist das Mittel, mit dem du deine Familie und deine Vorfahren vor diesem negativen Muster retten kannst. Wenn du deine Eltern an dieser Gabe energetisch teilhaben lässt und sie damit so erfüllst, dass sie »überfließt« und die Ahnenreihe weiter zurückgeht, beginnst du, dich selbst, deine Kinder und deine Vorfahren von diesem einmal erkannten Muster zu befreien.

Erwartungen

Wusstest du, dass du das von den anderen erwartest, was du selbst nicht gibst?

Wenn du etwas brauchst, wirst du es erwarten. Eine Erwartung ist eine Forderung, die auf einem Bedürfnis beruht. Wenn du Bedürfnisse und Forderungen in dir spürst, ist das ein sicheres Zeichen dafür, dass du nicht wirklich gibst.

Geben löst Bedürfnisse auf, es befriedigt sie. Eine Erwartung aber, die nur eine Phantasie darstellt, wie die Dinge sein sollten, damit deine Bedürfnisse erfüllt werden, stellt Forderungen. Indem du erwartest, versuchst du, etwas zu nehmen, ohne etwas zu geben.

Wenn du gibst, öffnest du dich, um zu empfangen. Geben ist eine Form von Liebe, und Liebe stellt keine Forderungen. Nur wenn du gibst, kannst du jemals hoffen, zu erhalten und damit befriedigt zu werden.

Eine Erwartung ist ein Akt der Unehrlichkeit insofern, als du versuchst zu bekommen, ohne zu geben. Wenn du von anderen erwartest, dass sie dich lieben, forderst du etwas, was du selbst nicht tust. Du liebst dann weder dich selbst noch sie.

Wusstest du, dass das, was du von anderen erwartest, niemals gut genug sein wird?

Wenn du etwas erwartest, wirst du, selbst wenn du es bekommst, nicht zufrieden sein. Eine Erwartung ist ein Bild davon, wie die Dinge sein sollten. Sie ist ein Traum davon, was deine Bedürfnisse befriedigen könnte, der von deinem Ego erzeugt wird. Es ist höchst unwahrscheinlich, dass irgendeine Phantasie, wie deine Bedürfnisse erfüllt werden könnten, tatsächlich in Erfüllung geht. In den seltenen Fällen, in denen es doch passiert – trotz deiner innerlich gespaltenen Haltung und deines Widerstands dagegen, etwas zu empfangen –, wirst du es immer noch nicht als wirklich erfüllt empfinden: weil du dich selbst nicht als erfüllt empfinden kannst. Das macht eine solche Erfahrung unbefriedigend, und schon strebst du nach noch größeren Erfahrungen und Phantasien. Du startest einen neuen vergeblichen Versuch, im Außen etwas vollkommen Erfüllendes zu finden, während du dich selbst als nicht gut genug dafür ansiehst.

Wusstest du, dass du das, was du erwartest, in Wahrheit von dir wegschiebst?

Eine Erwartung ist eine Forderung, und wenn du von anderen etwas forderst, sind sie nur selten motiviert, es auch zu geben. Deine Forderungen sind ein Versuch, deine Bedürfnisse zu erfüllen, während du so tust, als ob du keine hättest. Du benutzt sie, um deine Gefühle der Unzulänglichkeit und Minderwertigkeit zu verstecken. Du versuchst dir zu nehmen, was du zu brauchen glaubst, aber insgeheim schiebst du es durch deine Unfähigkeit zu empfangen von dir fort.

Deine Erwartungen sind eine Methode, um dich von

deinen Bedürfnissen zu dissoziieren. Wenn du dich abwendest oder abspaltest, kannst du weder empfangen noch fühlen, und deshalb wirst du immer bedürftiger und stellst neue Forderungen, während du immer noch nicht spürst, empfängst oder dich an dem erfreust, was zu dir kommt.

Indem du forderst, dass andere deine Bedürfnisse erfüllen, wirst du sie entweder veranlassen, sich dagegen aufzulehnen, oder sie werden sich genötigt fühlen, das zu tun, was du willst. Beides wird es dir unmöglich machen, Befriedigung zu erleben. Eine Forderung entwendet einen Wert, nur Geben erzeugt Wertschätzung. Was du dir einfach nimmst, wertest du ab, und damit wertest du dich selbst ab. Das führt zu einem neuerlich verstärkten Gefühl der Unzulänglichkeit, die dich veranlasst, noch größere Forderungen zu stellen, und so fort – es führt dich in einen Teufelskreis. Das Ergebnis ist eine Form von Perfektionismus, der alles, was du tust, abwertet, weil es unvermeidlich mangelhaft sein wird.

Die Evolution der Gesellschaft

Wusstest du, dass der nächste Schritt in der Evolution zu einer Gesellschaft führen muss, die auf Kooperation basiert und nicht auf Konkurrenz?

Unsere Gesellschaft ist in Begriff, einen großen Sprung nach vorn zu machen, hin zu einer Veränderung unserer Art, die Welt zu betrachten und zu erfahren. Das geschieht zu einer Zeit, da sich die Gesellschaft in einer toten Zone befindet, in einem Zustand der Trägheit, der durch vom Ego aufgebaute Fallen erzeugt wurde, die uns von unserem wahren Weg ablenken. Die Fallen rühren aus einer Zeit, als die Gesellschaft ihre Wurzeln in der Familie hatte. Wenn die Verbundenheit innerhalb der Familie verloren gegangen ist, fühlen sich ihre Mitglieder in Opferrollen gefangen. Ohne Verbundenheit existiert nur ein begrenztes Maß an Liebe und anderen familiären Ressourcen. Als Antwort auf diese spürbare Knappheit entstehen nun Konkurrenzdenken und Wettbewerbsverhalten. Aus untereinander konkurrierenden Familien manifestiert sich dann eine auf Konkurrenz aufgebaute Gesellschaft mit einer Mentalität, die nur Gewinner und Verlierer kennt. Die Sieger müssen letztlich die Rechnung für die Verlierer mitbezahlen, indem sie zum Beispiel auch manchmal verlieren müssen, einfach, damit die anderen weiter mitspielen.

Es gibt jedoch eine höhere Form von Beziehung, die auf Zusammenarbeit beruht und die sich nicht auf Verzögerung, Knappheit und der Angst vor Partnerschaft und Erfolg gründet. Diese Kooperation setzt eine völlig andere Weltsicht voraus, in der Freunde Freunden helfen.

In der echten Zusammenarbeit gibt es keinen Verlust an Arbeitskraft und Ressourcen, wie es sie in einer auf Wettbewerb ausgerichteten Gesellschaft geben muss. Konkurrenz zielt auf Gewinn und nicht unbedingt auf Erfolg. Kooperation strebt Erfolg an, der aufgrund eines Zusammenwirkens im Rahmen von Beziehungen entstehen kann. Das Teamwork bei Kooperation inspiriert und motiviert, während Wettbewerb Leblosigkeit und Burnout generiert. Dies sind seine Masken der Angst vor echtem Erfolg. Konkurrenz erzeugt einen Teufelskreis von Überlegenheit und Minderwertigkeit. Kooperation baut Vertrauen und Selbstvertrauen auf, Freundschaft, Verbundenheit und Entwicklung nach vorn. Freunde, die Freunden helfen – eine Gesellschaft, die auf Beziehungen aufbaut, wird so zu viel stabilierem Frieden und zu Wohlstand für alle führen.

Familie

Wusstest du, dass dir deine Familie einen Entwurf für deine Lebensaufgabe gegeben hat?

Deine Ursprungsfamilie zeigt dir die meisten grundlegenden Herausforderungen, die du bestehen und lösen musst, um deinen persönlichen Lebenszweck zu erfüllen. Wenn du dir deine Familie genau anschaust, wirst du schnell verstehen, warum du hierher gekommen bist. Die Probleme und Themen der Familienmitglieder zu heilen – ohne eine Opferrolle zu übernehmen – ist der wesentliche Grund deines Hierseins. Aufopferung führt zu Burnout, Abspaltung und Unabhängigkeit, die du unbewusst dazu benutzt, deinen Lebenssinn zu umgehen.

Die Schlüssel zu einer glücklichen Familie sind *Bonding*, das Erleben von Verbundenheit, oder falls es überhaupt keine Verbundenheit gibt, Liebe und Vergebung, die zu Verbundenheit führen. Wenn alle Herausforderungen eines jeden Familienmitglieds in einem längeren Prozess bestanden wurden, können sie ihre individuellen Talente entwickeln und Leichtigkeit und Freude erleben. Je mehr Gaben eine Familie durch ihre Liebe verwirklicht und mit anderen teilt, desto schneller tauschen die Einzelnen ihre Rollen, Opferhaltungen und ihren Schmerz gegen eine authentische Lebensweise voller Liebe und Erfolg ein.

Deine Familie und die Verhältnisse, in denen du aufgewachsen bist, zeigen die ererbten Muster deiner Seele für dieses Leben an. Wenn du die Themen klären und heilen kannst, die du mit deiner Familie teilst, dann wird es auch keinen anderen Menschen in deiner Lebenswelt geben, dem du nicht helfen könntest.

Freunde helfen Freunden

Wusstest du, dass das Konzept der »Freunde, die Freunden helfen« die Welt komplett zum Besseren verändern kann?

Wenn wir jeden Menschen wie einen Freund behandelten, würden sich der Bewusstseinszustand und die Lebensqualität in der Welt vollkommen verändern und verbessern. Wir würden anfangen, als ein großes Team zu handeln, als eine Familie, die zum Nutzen aller wirkt. Wir würden über solche Unterschiede wie Rasse, Religion, Nationalität, Klasse und Kultur hinweggehen. Jeder würde dem anderen helfen, so gut er könnte, und genau das würde ihn glücklich machen.

Nicht jeder spürt genügend Selbstvertrauen, um andere zu führen, aber jeder Mensch möchte ein guter Freund sein. Wenn wir die Welt anschauen und nur Freunde sehen könnten, würden wir der Erde endlich erlauben, ein gütiger und freundlicher Ort zu werden. Wenn alle Menschen Freunde wären, würde unser aller Maß an Erfolg, Fülle und Lebensqualität exponentiell anwachsen.

Du kannst durch die folgende Übung dazu beitragen, dass dieser Ball ins Rollen kommt: Begegne jedem Menschen bei deiner Arbeit, zu Hause und in der Freizeit wie einem Freund. Blicke hinter die Masken jener, über die du urteilst, und gestatte dir, das zu sehen, was sie in Wahrheit für dich sind. Stell dir vor, wie schön es wäre, nur Freunde um sich herum zu haben. Stell dir vor, wie viel mehr du geben, empfangen und Freude empfinden würdest. Alles wäre einfacher. An Unterschieden würdest du dich freuen, weil du die grundlegenden Ähnlichkeiten und gemeinsamen Interessen derer erkennen würdest, die du liebst. Fremde wären dann einfach nur Freunde, die du noch nicht getroffen hast.

Freunde in höheren Ebenen

Wusstest du, dass du Freunde in höheren Ebenen hast?

Bei jedem Schritt in deinem Leben erhältst du spirituelle Hilfe und Führung, aber vielleicht bist du blind und taub für das, was dir angeboten wird. Die Antwort kommt immer in demselben Moment zu dir wie das Problem – es liegt an dir, wie schnell du es empfängst. Wie lange es dauert, bis du ein Problem hinter dir lässt, ist ebenfalls eine Entscheidung, die du selbst triffst. Es ist alles eine Frage des Sich-nach-Innen-Wendens und Hörens auf die Führung.

Du hast so viel unsichtbare Hilfe. Du würdest dich niemals mehr fürchten, wenn du wüsstest, wer gerade neben dir geht. Würde dir als einem Kind Gottes jemals das verweigert werden, was du dir wirklich wünschst? Nur das, was dich verletzen würde, wird dir verwehrt bleiben. Alles, worum du auf der Ebene des Herzens bittest, wird zu dir kommen.

Gnade ergießt sich in jedem Augenblick auf dich. Der Erfolg ist sicher, wenn du deinen Freunden gestattest, dir zu helfen.

Frühere Leben

Wusstest du, dass es in dir Geschichten von anderen Zeiten und Orten gibt, ob du nun an frühere Leben glaubst oder nicht?

Du hast eine ganze Sammlung von detaillierten, vielschichtigen und einzigartigen Geschichten tief in deinem Unbewussten vergraben. Ob diese Geschichten nun frühere Leben darstellen oder nur die Art, wie sich dein Geist auf mythische Weise entfaltet, ist etwas, das du selbst entscheiden musst. Ganz gleich, wie du diese Geschichten benennst: Wenn sie negativ sind, handelt es sich um Seelenmuster, die geheilt werden müssen, weil sie dein Leben nachhaltig programmieren und beeinträchtigen.

Traumata in diesen Geschichten können genauso leicht gewandelt werden wie andere geistige Muster, damit können sie zu positiven Fähigkeiten in deinem Leben werden. All diese unbewussten Muster warten nur darauf, geheilt zu werden – andernfalls werden sie sich so lange wiederholen, bis du die Lektionen, die sie enthalten, gelernt hast, bis du ihre Gaben annimmst.

Jedes frühere Leben beziehungsweise jedes mythische Muster aus dem Unbewussten, das du ausgräbst, repräsentiert eine Gelegenheit für einen wichtigen Durchbruch in deinem Leben.

Führungskunst

Wusstest du, dass du dir jedes Mal, wenn du jemand anderem hilfst, auch dir selbst hilfst?

Zu führen ist die Kunst der sensiblen Reaktionsfähigkeit. Führung ergibt sich, wenn du bereit bist, deinen Platz in der Mitte der Gruppe einzunehmen, zugunsten jedes Einzelnen.

Wenn du auf die Hilferufe rings um dich herum zu antworten weißt, bist du jemand, der auch seine eigenen Probleme relativ leicht lösen kann. Wenn jemand ein Problem hat, brauchst du dich einfach nur auf die Erfahrung des gleichen Themas in dir einzulassen und dich dann zu fragen, wie du auf jenen Menschen ganz individuell eingehen kannst. Wenn du dich einsetzt, um ihn oder sie zu unterstützen, wirst du gleichzeitig aus dem Leid deines entsprechenden Problems herausgeholt, zumindest aus einer seiner Schichten. Dieses Prinzip verweist auf einen einfachen Weg, wie du in deinem Leben vorankommen kannst.

Wenn du wahre Führungskunst verkörperst, richtest du dich auf das große allgemeine Ziel aus und kümmerst dich zugleich um das Wohlergehen der Allgemeinheit. Du führst ein Team zusammen, dessen Tun von gegenseitigen Interessen und dem gemeinsamen Wohlergehen bestimmt wird.

Durch Inspiration, Intuition, Humor, Charisma, Intelligenz, Zusammenhalt, Glück und Ähnliches bringen wirkliche Anführer ihre Teams nach vorn – indem sie das Ziel visualisieren und die Ströme zu höheren Erfolgsebenen und Partnerschaft zusammenführen. Führungskunst braucht eine Person mit Visionen, die in ihrer Integrität unwiderstehlich ist und die stets zugunsten des Gemeinwohls handelt.

Fülle

Wusstest du, dass dein Maß für Fülle dem Grad deiner Bereitschaft zu empfangen entspricht?

Die Fülle in deinem Leben spiegelt deine Fähigkeit anzunehmen. Vielleicht vermeidest du Fülle, weil du fürchtest, davon überwältigt zu werden. Oder weil du Angst vor dem Neid anderer hast. Vielleicht hegst du Gefühle in dir, es nicht wert zu sein, ein Leben in Fülle zu führen. Oder es mangelt dir an Selbstvertrauen, und du glaubst, nicht erfolgreich mit Fülle umgehen zu können. Es kann auch irgendeine andere falsche Vorstellung sein, die dich von einem Leben in Fülle fern hält.

Ein weiterer Faktor, der beeinflusst, inwieweit du an der Fülle teilhast, ist dein Grad von *Dissoziation*, von Getrenntheit. Das Maß, in dem du deinen Schmerz und dein gebrochenes Herz noch nicht geheilt hast, ist genau das Maß, in dem du dich als getrennt oder abgespalten von allem anderen empfindest. Jede Dissoziation versperrt dir die Tür zum Empfangen.

Vielleicht weigerst du dich, die Fülle anzunehmen, weil du wütend bist oder dich schuldig fühlst oder weil du auf Rache sinnst. Immer wenn du etwas Gutes nicht bekommst – und das gilt auch für die Gesundheit –, ist das so, weil du die Tür geschlossen hältst, durch die du es empfangen kannst.

Fülle ist Reichtum an allen positiven Dingen. Gott, der Definition nach, gibt dir all dieses Gute. Ob du es empfängst, liegt an dir selbst. Wer gibt, ohne zu nehmen, opfert sich auf und wird sich letztlich verausgaben. Erst die Bereitschaft zu empfangen lässt dich Gottes Liebe erfahren und gibt dir die Möglichkeit, deine Liebe im Austausch dafür zurückzugeben.

Geben

Wusstest du, dass es kein Problem gibt, das du nicht lösen könntest, wenn du auf einer höheren Ebene gibst?

Geben, als eine Form von Liebe, ist eines der größten Heilprinzipien. Jedes Mal, wenn du ein Problem hast, kannst du davon ausgehen, dass du dich in einem bestimmten Umfang zurückgezogen hast. Jede Trennung und jede leidvolle Erfahrung führt dazu, dass du dich entfernst und den Kontakt, die Verbindung, das *Bonding* stoppst, obwohl sie für Liebe und Erfolg notwendig sind.

Wo du gibst, bringst du automatisch eine neue Ebene von Erfolg ein. Das ist einer der Gründe, warum Vergebung so machtvoll ist. Es ist ein Nach-vorne-Geben dort, wo du dich wegen Schuldgefühlen und Schmerz zurückgezogen hast.

Wie du gibst, so wirst du ernten. Deine größte Herausforderung ist es, ganz neue Arten des Gebens zu entdecken, denn diese Teile deines Geistes sind wahrscheinlich versteckt und gut verteidigt, verschlossen durch Angst, Schuld und Urteile. Wenn du sie jedoch wirklich entdecken möchtest, wirst du das auch können.

In dem Maße, wie du dich selbst hingibst, wirst du Liebe und Kreativität spüren; du segnest deine Umgebung und hilfst den Menschen um dich her, du gehst sensibel und meisterlich auf sie ein. Geben bringt Entzücken mit sich und Beglückung und ein Gefühl von Jugend. Geben bereichert dich, indem es deinem Leben Sinn verleiht. Du kannst alles, was du glaubst, tun zu müssen, in wahres Geben verwandeln. Du musst dich einfach nur dafür entscheiden, dich selbst dabei ganz hinzugeben (und das schließlich ist die eigentliche Bedeutung von Bindung).

Wusstest du, dass das Maß, in dem du gibst, auch das Maß ist, in dem du erhältst?

Geben öffnet die Tür zum Empfangen und in Wahrheit sind es zwei Seiten der gleichen Medaille. Wenn du gibst, wirst du automatisch erhalten, und das erlaubt dir, immer noch mehr zu geben.

Geben ist die männliche, die aktive Seite der Einheit von Geben und Empfangen. Geben gibt dir Energie und erzeugt Glückseligkeit. Dein Geben ist das Füllhorn für all das, was dir gegeben werden will.

Geist

Wusstest du, dass dein Geist von Gott geschaffen wurde und dadurch viele göttliche Eigenschaften besitzt, die du aus Angst und durch deinen Hang zu urteilen unterdrückst?

Du besitzt eine große natürliche Geisteskraft, die einige tausend potentielle Gaben und Talente einschließt. Sie alle warten auf dich! Du hast zahllose ungenutzte psychische, mediale und schamanische Fähigkeiten latent in dir ruhen. Die Kraft deines Geistes, deines *spirits*, ist grenzenlos, weil sie Teil des kosmischen *spirits* ist.

Du hast deine natürlichen Gaben beurteilt und sie verworfen, vielleicht weil du dich von ihnen überwältigt gefühlt hast oder sie für problematisch hieltest. Manchmal hast du deine natürlichen Talente gebraucht, um dir selbst zu frönen (wie es dir dein Ego nahe gelegt hatte). Dann schlug dir das Ego vor, die Gabe abzuschütteln, um die Sucht loszuwerden, die daraus entstand – »das Kind mit dem Bade ausschütten« nennt man ein solches Verhalten. Dein Ego wollte die Gabe ablegen, denn vom Wesen her wäre sie mit anderen geteilt worden, hätte dich und andere bereichert und die Getrenntheit schmelzen lassen – das jedoch hätte die Kraft des Ego verringert.

Nicht du wirst von deinen Talenten bedroht und überwältigt, sondern dein Ego. Es ist wichtig, dein Höheres Bewusstsein mit der Nutzbarmachung deiner Gaben und dem Gebrauch deines Geistes zu beauftragen. Dann brauchst du keine Angst haben, überrollt zu werden, und keinen Mangel an Integrität zu befürchten.

Dein Geist ist ein Geschenk Gottes an dich und es scheint nur verwirrend zu sein, weil er keine Gebrauchsanleitung mitgeliefert hat. Zu entdecken, wer du bist, und dein Potential für dich und für die Menschheit zu erkennen und zu verwirklichen – das ist deine Aufgabe, das ist der Sinn deines Lebens.

Gespaltener Geist

Wusstest du, dass die Teile von dir, die du beurteilst, sich abspalten können und ein Eigenleben entwickeln?

Wenn du einen Aspekt deiner selbst ablehnst, trennst du ihn von dir ab, und er geht dir verloren. Er entwickelt ein Eigenleben, von dem dein Alltagsbewusstsein nichts weiß. Du denkst, du hättest diesen Teil von dir abgetötet, aber das ist schlicht nicht möglich – du kannst niemals einen Teil deines Geistes töten. Du kannst lediglich seine Gegenwart vor deiner eigenen bewussten Wahrnehmung verstecken.

Vielleicht gelingt es dir, jenes Fragment deines Geistes die meiste Zeit zu verbergen, in Stresssituationen wird es jedoch an die Oberfläche kommen und in deinem Alltagsleben auf eine Weise agieren, die du nicht verstehst, denn es bringt seinen eigenen Zweck und seine eigene Logik zum Ausdruck. Nehmen wir zum Beispiel an, dass du als Kind einen Teil von dir abgespalten hast, der dich immer in Schwierigkeiten brachte, wenn du dich nachdrücklich verteidigt hattest. Als dieser Teil zu einem getrennten Fragment wurde, wurde sein Zweck der Selbstschutz, und immer, wenn sich dieser Teil zeigt, erscheint er in der Gestalt von Aggression – eben mit der Taktik und auf der Bewusstheitsebene eines Kindes. Du hast dir vielleicht den Ruf erworben, gemein zu sein, ohne von diesen Zusammenhängen zu wissen. Denn dein Abwehrmechanismus hat verhindert, dass du dir je des gemeinen Verhaltens dieses abgespaltenen geistigen Teils bewusst geworden wärest.

Wenn du das Fragment erkennen und die Spaltung heilen könntest, würde dieser Teil deines Geistes wieder in die Ganzheit integriert werden, dahin, wohin er gehört. Wenn er dann mit den anderen Aspekten in dir zusammengefügt worden ist, stellt er dir die wichtige Eigenschaft der Selbstbehauptung zur Verfügung, die du in Wahrheit brauchst, um gesund und glücklich zu sein.

Du besitzt viele wesentliche und wertvolle Qualitäten, die zu leugnen und abzulehnen du gelernt hast. Sie warten nur darauf, dass du dich umwendest, um sie anzunehmen, sie in dein bewusstes Leben aufzunehmen und sie zu integrieren, damit du die Selbstsicherheit gewinnst, all das zu sein und zu verwirklichen, was dich überhaupt in dieses Leben geführt hat.

Glaubenssätze

Wusstest du, dass alles, was du tust, alles, was dir passiert, und alles, was in deiner Welt geschieht, eine Spiegelung deiner Glaubenssätze ist?

Glaubenssätze sind statische Gedanken, die dirigieren, was du fühlst und wie du handelst. Negative Glaubenssätze beruhen auf Entscheidungen, die du in Zeiten getroffen hast, in denen du dich nicht verbunden gefühlt und deshalb gelitten hast. Positive Glaubenssätze entstehen vor allem aus Entscheidungen, die du während der Erfahrung von Erfolg oder Liebe getroffen hast.

Es gibt keine neutralen Glaubenssätze. Sie gestalten dein Leben entweder auf konstruktive Weise oder sie führen dich in die Richtung des Todes. Du selbst bist für diese Glaubenssysteme genauso verantwortlich wie für das, was in deinem Leben passiert. Deine Gedanken, Überzeugungen, Werte und Entscheidungen bestimmen nicht nur, was dir geschieht, sondern auch, wie du es erlebst.

Du erschaffst dir deine Welt durch deine kollektiv wirksamen Glaubenssysteme in Kombination mit denen der anderen Menschen. Deine Überzeugungen und Glaubenssätze, von denen viele unterbewusst oder unbewusst sind, üben einen dauerhaften Einfluss auf dich aus.

Mit Hilfe eines Abschnitts weiter hinten kannst du

übrigens erlernen, sogar deine positiven Glaubenssätze loszulassen, indem du dich von der Ebene der Wahrnehmung auf immer höhere Ebenen der Vision begibst.

Glück

Wusstest du, dass Glück und Beseeltheit deinen natürlichen Seinszustand darstellen, der von solchen Tricks des Ego wie Schmerz und Leid, Schuld und Abwehr nur verdeckt wird?

Tief in deinem Inneren ist alles, was vom Geist durchdrungen ist, reine Beseeltheit und höchstes Glück. In deinem Leben findest du Glück von Zeit zu Zeit in der Außenwelt, in Abhängigkeit von den wunderlichen Wechselfällen des Lebens. Wenn du jedoch lernst, Zugang zum Glück tief in deinem Inneren zu gewinnen, das nicht von deinen schwankenden Launen und dem Auf und Ab deiner Umwelt abhängt, dann kannst du ein wahres Glück erleben, das dich nie im Stich lässt. Um das zu erfahren, musst du dich darauf verlassen, die Welt aus der Sicht deines Höheren Geistes zu betrachten, weil der Schmerz und das Leiden dieser Welt sonst einfach zu überwältigend sind.

Glück ist nicht nur ein Ziel, das du anstrebst. Es ist ein Teil deiner Lebensaufgabe, dass du deine Umwelt emotional und energetisch bereicherst und sie erhebst. Dein Glücklichsein ist ein Maßstab, der dir die höchste Wahrheit deiner Erfahrung anzeigt und auch das, was noch geheilt werden muss.

Beseeltheit ist das Ziel und Glück ist der Weg zum Ziel.

Wenn du die beglückende Beseeltheit nicht als deinen Weg annehmen kannst, dann brauchst du Heilung. Glück ist etwas, das sich nur im Hier und Jetzt ereignen kann. Die Vergangenheit ist nur eine Erinnerung und die Zukunft kann nur erwartet und erahnt werden: Aber dieser Augenblick – jetzt – kann dich segnen und dich für das größte Glück öffnen, das möglich ist. Wenn du dich für das Licht und die Liebe öffnest, die deinen Geist ausmachen, und sie ganz annimmst, dann wird es nur noch Beseeltheit geben.

Wusstest du, dass Glück eine Entscheidung ist?

Du kannst dich dafür entscheiden, trotz der bestehenden Umstände glücklich zu sein. Da glückliche Beseeltheit deine höchste und letzte Wirklichkeit ist, gibt es eine natürliche Bewegung darauf zu, welche nur vom Schmerz der Illusion und der Anhaftung aufgehalten wird. Wenn dein Geist den Blickwinkel Gottes einnimmt und auf diese Weise beobachtet, was geschieht, dann wirst du automatisch Glück empfinden.

Glück entsteht aus dem Geben, vor allem, wenn du dich selbst gibst. Dich selbst geben, dich selbst erkennen, deinen Lebenszweck erfüllen, lieben und schöpferisch sein – all das ist gleichbedeutend damit, anderen auf natürliche Weise zu geben und dabei auch dir Glück zu schenken.

Glück bedeutet, bereit zu sein, über den Schlachtfeldern des Lebens zu fliegen, die Perspektive des Höheren Geistes zu benutzen anstatt die des Ego. Es würde dich nur unten in den Schützengräben halten, weil es sich mit deinem Körper auf seinem Weg zum Tod identifiziert.

Glücksgefühle teilen sich immer auf freundliche Weise mit, sie strahlen und breiten sich aus und werden zu einem deiner schönsten Geschenke an die Welt. Der stille Glanz von Glück segnet die Menschen um dich herum mit Hoffnung und zeigt ihnen den Weg nach Hause.

Gnade

Wusstest du, dass du in jeder Situation Gnade erfahren kannst?

Gnade ist ein Ausdruck der Liebe Gottes, die du sogar in aussichtslosen und unerträglichen Situationen zu Hilfe rufen kannst. Sie wartet jederzeit darauf, erbeten zu werden. Sie erfordert nur das Erkennen ihrer Gegenwart, um zu Diensten zu sein.

Wenn du Gnade erkennst, wirst du dadurch zunächst zum Partner Gottes und dann in einem bestimmten Umfang auch Partner der Menschen in deiner Umgebung. Dieses *Joining*, diese Verbundenheit mit Gott und anderen Wesen bringt dich auf natürliche Weise in deinem Leben voran, weil es die begrenzende Trennung heilt, die an der Wurzel all deiner Probleme liegt. Die *Psychologie der Vision* ist eine Art Ehe, eine tiefe Verbindung von Psychologie und Gnade.

Der göttliche Plan

Wusstest du, dass der Himmel einen Plan für dich hat, der vollkommene Glückseligkeit vorsieht?

Der Himmel, das ist gleichbedeutend mit dem Bewusstsein einer Einheit, die uns mit vollkommener Freude erfüllt. Diese Einheit richtet all ihre Teile auf die Erkenntnis und Erfahrung aus, dass wir alle eins sind.

Wo du auch gerade stehst in deinem Leben, selbst wenn du von deinem wahren Weg abgekommen sein magst, eine negative Lebenseinstellung entwickelt hast oder keinen blassen Schimmer hast, was du mit dem Leben eigentlich anfangen sollst: Der Himmel hat einen Plan für dich, der dich wieder auf das richtige Gleis führt. Er wird das, was du aus deinem Leben bisher gemacht hast – und sollte es das totale Chaos sein –, dafür nutzen, um dich auf deinen Weg zurück zur Einheit zu bringen. Wenn du einen falschen Weg eingeschlagen hast und dann wieder auf den richtigen gelangst, wird dir diese Erfahrung ermöglichen, anderen zu helfen, die auf ähnliche Weise abgeirrt sind.

Deine Sehnsucht und deine Bereitschaft werden dich in die richtige Richtung führen. Je intensiver du dein Schicksal annimmst, desto besser kannst du den gesamten »Spielplan« überblicken, anstatt immer nur den nächsten Schritt zu sehen.

Die Einheit wartet darauf, dass du sie akzeptierst. Sie wartet darauf, dass sie dich vorwärts führen kann, um eine aufregende Heilung und Veränderung zu bewirken. Ob sich diese Wandlung dann außerhalb von dir oder innerlich vollzieht: Sie wird dich in deinem Leben voranbringen und dein Verstehen vertiefen.

Heilung

Wusstest du, dass Heilung für dich notwendig ist, damit du mehr Liebe, Erfolg und Glück erfahren kannst?

Heilung zieht dich aus dem Leid heraus und bewirkt die notwendigen Veränderungen, die dir deine Kraft zurückgeben und dich glücklich machen. Heilung ist Teil deines Lebenssinns und als solcher erfüllt sie dich. Heilung bereitet dir den Weg, wieder zu geben und zu empfangen. Sie beschert dir dort Erfolge, wo du dich vom Leben zurückgezogen hast.

Ohne Heilung würdest du in den Dingen stecken bleiben, alles bliebe unverändert. Durch Heilung kann alles, was schwierig, frustrierend oder kummervoll ist, korrigiert werden.

Wo du heilst, wirst du weise und stark; du fängst wieder an, voranzuschreiten, zu reifen und dich zu entwickeln. Heilung gibt dir deine größere Ganzheit und einen ursprünglicheren Bewusstseinszustand zurück.

Die Schönheit und Kraft von Heilung liegt darin, dass nichts außerhalb ihrer Reichweite liegt.

Wusstest du, dass der schlimmste Schmerz in deinem Leben geheilt werden könnte, indem du einem anderen gibst?

Wenn dich die schlimmste emotionale Not deines Lebens auf die Knie zwingt, ist es plötzlich sehr schwer, sich an irgendetwas anderes als an das reine Überleben zu erinnern. Und doch gibt es eine einfache Form von Heilung, die eine tief greifende Wirkung haben kann.

Wenn du Schmerzen hast, gibt es in deiner Umgebung immer jemand anderen, der noch dringender Hilfe braucht als du. Wenn du ihm diese Hilfe anbietest, und sei es einfach dadurch, dass du ihm Liebe schenkst, wird sich dein eigenes Leid in eine sehr machtvolle Gabe verwandeln.

Dein Ego benutzt Ichbezug, Schmerz und Eigenattacke, um dich isoliert zu halten, während es sich selbst stärkt. Deine Bereitschaft jedoch, anderen zu helfen, bringt dich über Depressionen, Hindernisse und Ablenkungen hinaus, weil sie einen Energiefluss zwischen dir und dem bewirkt, dem du hilfst.

Helferrolle

Wusstest du, dass eine Helferrolle, in die jemand schlüpft, eigentlich nur seine Versagensängste versteckt?

Jede Rolle, die du spielst, ist eine Kompensation von Schuld und Versagen. Eine Rolle ist wie ein Rezept, das dich zwar das Richtige tun heißt, aber mit der falschen Motivation. Eine Helferrolle ist etwas, das du auf der Grundlage von Aufopferung spielen sollst. Wenn du etwas tust, nur weil man es von dir erwartet, kannst du die natürlichen angenehmen Gefühle nicht empfinden, die du normalerweise dabei haben würdest.

Eine Helferrolle nimmst du auch dann an, wenn du einen Verlust nicht wirklich betrauert hast. Dadurch trägst du Gefühle der Trauer, Trennung, Verletzung und Schuld, des Versagens und der Verurteilungen weiter in dir. Wenn du in einer Helferrolle steckst, vermeidest du, dich mit deinem eigenen Leben und deinen Gefühlen auseinander zu setzen, indem du immer nur anderen hilfst. Wenn du in einer solchen Rolle agierst, bist du nicht authentisch, weil du jeden echten Kontakt mit anderen vermeidest, ganz gleich, wie viel Hilfe du ihnen bietest. Du gerätst in einen Prozess der »Ersatzbefähigung«, in eine Form von Verschmelzung, bei der deine Hilfe für andere als Vorwand dafür herhalten muss, dass du dich nicht aus deinen eigenen Ängsten herausbewegst.

Deine Rolle als Helfer verbirgt das Versagensgefühl, das du in Bezug auf die Tatsache empfindest, dass du deine Ursprungsfamilie nicht retten oder ihr helfen könntest. Dieses Gefühl des Versagens führt zu lebenslangen Mustern, sich als Opfer zu erfahren und in Beziehungen festzustecken oder in Rollen gefangen zu sein, die du nicht willst. All das führt zu einem Gefühl der Leblosigkeit.

Herzbruch (Heartbreak)*

Wusstest du, dass deine Herzbrüche Racheakte gegenüber jenen sind, mit denen du gekämpft hast, deinen Eltern und Gott?

Herzbruch ereignet sich als Teil eines Kampfes. Jedes Mal, als dein Herz gebrochen wurde, geschah das, weil jemand sich nicht so verhielt, wie du es von ihm oder ihr erwartet hattest, und er bzw. sie also deine Bedürfnisse nicht erfüllte. Das gebrochene Herz war eine Art emotionaler Erpressung und ein Angriff auf die Person, die dich schlecht behandelt hat. Der Herzbruch ist ein Beweis dafür, dass du der bessere Mensch bist, denn ein guter Mensch hätte dir so etwas nicht angetan.

Ein Herzbruch zeigt auch einen Kampf mit Gott an. Jedes Mal, wenn du dich als Opfer behandelt siehst, bekommst du noch mehr Beleg dafür, dass Gott an allen deinen Problemen schuld ist.

---

* *Heartbreak* wurde bewusst nicht mit dem Begriff »Herzeleid« oder ähnlich übertragen, obwohl das sprachlich vielleicht eingängiger gewesen wäre. Denn *Heartbreak* ist wirklich ein Bruch des Herzens im spirituellen Sinne, und die *Psychologie der Vision* richtet ihre Aufmerksamkeit ausdrücklich darauf, die häufigen, vielfältigen und oft ganz unentdeckten und ungeheilten größeren und kleineren Herzbrüche zu benennen und zu heilen. Außerdem kann Herzbruch sowohl passiv als Erleiden als auch aktiv als etwas Zufügen verstanden werden! (Anm. d. Ü.)

Verletzungen können nur dann auftreten, wenn du versuchst, etwas von einem anderen Menschen zu nehmen, wenn die Besonderheit deines Egos beleidigt wird oder wenn du nicht akzeptieren kannst, dass sich etwas Bestimmtes ereignet hat. Dein Widerstand dagegen vertieft den Schmerz. Nicht geheilte Herzbrüche führen zur Abkehr vom Leben und zu Rache.

Wusstest du, dass das Maß, in dem dein Herz gebrochen ist, das Maß ist, in dem du andere Herzen brechen wirst?

Wenn dein Herz gebrochen ist, kommt es zu einer Abspaltung oder Trennung, du dissoziierst dich, um dem Schmerz zu entfliehen. Wenn du genug Herzbrüche gehabt hast, bewegst du dich aus einer Haltung der Abhängigkeit in eine Haltung der Unabhängigkeit. Du verwirfst deine bedürftige, abhängige Seite und betrachtest sie als den Grund, warum du in Schwierigkeiten bist, und du übernimmst eine Einstellung, in der du keinen anderen brauchst. Du dissoziierst dich selbst vom Schmerz, den du mit deinem Bedürfnis assoziierst.

Je mehr du dich von deinem Schmerz spaltest, desto mehr trennst du dich leider auch von guten Gefühlen ab. Und während du dich von deinen eigenen Bedürfnissen und dem Leid abkehrst, wirst du auch unempfindlich für die Bedürfnisse und Not anderer, und du reagierst vielleicht auf harte Weise dort, wo du sensibel sein solltest. Du wirst dem Schmerz gegenüber unbewusst, den du anderen durch deine eigene Dissoziation verursachst, oder er wird dir gleichgültig, weil du Angst hast, dass ihre Emotionen dich irgendwie berühren könnten.

Während du unabhängiger wirst und deine Bedürftigkeit versteckst, tust du gleichzeitig alles in deiner Macht Stehende um zu verhindern, dass du von jemandem gefangen wirst, den du als bedürftig und deshalb als unattraktiv ansiehst. Das kann leicht zum Herzbruch bei dieser Person führen, weil du dich genauso rasch aus ihrer bzw. seiner Umarmung wieder löst, wie sich ein anderer Mensch aus der deinen gelöst hatte.

Wusstest du, dass dein Herz immer dann gebrochen wurde, wenn du Rache an denen üben wolltest, mit denen du gekämpft hast (das sind vor allem deine Eltern und Gott)?

Wenn ein Herz bricht, ist das immer Teil eines Kampfes. Jedes Mal, wenn dein Herz gebrochen wurde, geschah das, weil jemand sich nicht so verhielt, wie du es von ihm oder ihr erwartet hattest, und damit blieben deine Bedürfnisse unerfüllt. Der Schmerz des gebrochenen Herzens war dabei ein Akt emotionaler Erpressung und ein Angriff auf die Person, die dich schlecht behandelt hat. Der Bruch deines Herzens war ein Beweis dafür, dass du der bessere Mensch bist, denn ein guter Mensch hätte dir so etwas nicht angetan.

Wenn ein Herz bricht, zeigt das auch einen Kampf mit Gott an. Jedes Mal, wenn du dich als Opfer behandelt siehst, bekommst du noch mehr Belege dafür, dass Gott an all deinen Problemen schuld ist.

Verletzungen können nur dann auftreten, wenn du versuchst, etwas von einem anderen Menschen zu nehmen, wenn die Besonderheit deines Ego beleidigt wird oder wenn du nicht akzeptieren kannst, dass sich etwas

Bestimmtes ereignet hat. Dein Widerstand dagegen vertieft den Schmerz. Ein nicht geheiltes, gebrochenes Herz führt zur Abkehr vom Leben und lässt dich auf Rache sinnen.

Wusstest du, dass dein Herz in dem Maße gebrochen ist, in dem du andere Herzen brechen wirst?

Wenn ein Herz gebrochen wird, kommt es zu einer Abspaltung oder Trennung, du dissoziierst dich, um dem Schmerz zu entfliehen. Wenn dein Herz häufiger gebrochen wurde, bewegst du dich aus einer Haltung der Verbundenheit und Abhängigkeit in eine Haltung der Unabhängigkeit. Du verwirfst alles Bedürftige und Abhängige an dir und betrachtest es als den Grund für deine Schwierigkeiten. Du bildest dir fortan ein, überhaupt niemand anderen zu brauchen. Du dissoziierst dich selbst vom Schmerz, den du mit deinem Bedürfnis assoziierst.

Je mehr du dich von deinem Schmerz abspaltest, umso mehr trennst du dich leider auch von guten Gefühlen ab. Und während du dich von deinen eigenen Bedürfnissen und deinem Leid abkehrst, wirst du auch unempfindlich für die Bedürfnisse und die Not anderer. Du reagierst vielleicht dort sehr hart, wo du sensibel sein solltest. Du wirst dem Schmerz gegenüber unbewusst, den du anderen durch deine eigene Dissoziation verursachst, oder er wird dir gleichgültig, weil du Angst hast, dass ihre Emotionen dich irgendwie berühren könnten.

Während du unabhängiger wirst und deine Bedürftigkeit versteckst, tust du gleichzeitig alles in deiner Macht Stehende, um zu verhindern, dass du von jemandem festgehalten wirst, den du als bedürftig und deshalb als unattraktiv ansiehst. Das kann leicht dazu führen, dass nun du diesem Menschen das Herz brichst, weil du dich genauso rasch aus seiner Umarmung wieder löst, wie sich ein anderer Mensch aus der deinen entfernt hatte.

Hingabe

Wusstest du, dass Hingabe stark genug ist, um jedes beliebige Problem zu transformieren?

Hingabe, die bedeutet, dass du dich voll und ganz in den Dienst von etwas stellst, bringt dich über jedes gegenwärtige Problem hinaus und verschafft dir in einem höheren Maße Erfolg. Hingabe in deiner Beziehung bringt dich auf eine ganz neue Ebene der Verbundenheit mit deinem Partner. Wenn man die Bewältigung eines einzigen bestimmten Problems mit deinem Partner als Bergbesteigung betrachtet, dann bedeutet Hingabe in der Partnerschaft im Vergleich dazu, dass man eine ganze Bergkette überwindet.

Hingabe bringt immer Wahrheit hervor. Wenn du dich also einem Partner verpflichtest, der nicht der richtige für dich ist, wird er beziehungsweise sie dir üblicherweise innerhalb von zehn Tagen Lebewohl sagen. Wenn die Person jedoch die richtige für dich ist, wird die Bereitschaft zur Bindung deine Beziehung erneuern.

Dich ganz hinzugeben ist eines der Heilprinzipien, die jedes beliebige Problem lösen können. Zum Beispiel haben Menschen, die sich ihrem zunächst unbefriedigenden Job ganz verpflichtet haben, festgestellt, dass sich ihre Arbeit angenehm verändert hat oder dass sie einen besseren Job erhalten haben.

Deine Hingabe erlaubt dir jene umfassende Verbindung und den tiefen Kontakt mit dem Leben, die alle Machtkämpfe und jede Form von Leblosigkeit transzendieren. Hingabe bringt Leichtigkeit mit sich und offenbart die Wahrheit. Sie führt dich auf ein neues Niveau von Partnerschaft, zunächst mit dir selbst und dann mit anderen.

Es gibt eine überraschende Qualität von Hingabe, die Menschen in wirklich gegenseitig verpflichteten Beziehungen verstehen und von der andere überhaupt nichts wissen: Hingabe verschafft Freiheit. Menschen, die sich zur Hingabe verpflichtet haben, erleben ein größeres Maß an Freiheit und eine neue Form von Leichtigkeit und Erfolg in ihrem Leben.

Höheres Bewusstsein

Wusstest du, dass das Höhere Bewusstsein bereits jetzt in deinem Geist vorhanden ist?

Der natürliche Zustand deines Geistes ist von Schichten trivialer Dinge bedeckt sowie von Konflikten, Problemen und Verschwörungen gegen dich selbst. Diese Schichten entstehen, weil du Angst hast, von Liebe, Lebensfreude und Einheit überwältigt zu werden. So wie du dich jetzt selbst erlebst, bist du unnatürlich. Allerdings gibt es in dir einen Drang, diese Unnatürlichkeit aus deinem Geist herauszulösen. Wenn das geschieht, wirst du ganz natürlich in die Wachheit des Höheren Bewusstseins hineinwachsen, in einen Geist, der von größerer Integrität, Liebe, Freude, Kreativität erfüllt ist.

Das Höhere Bewusstsein hat ein großes Maß an Einfühlungsvermögen, Wirksamkeit und Beseeltheit. Es ist weise und wach und es blickt aus einer höheren Perspektive auf die Welt.

Das Höhere Bewusstsein fördert Heilung auf natürliche Weise, um Gemeinsamkeit und Einheit mit anderen zu schaffen. Das Höhere Bewusstsein erlaubt es der Gnade und den Wundern, mit Leichtigkeit zu wirken. Es ist sowohl die Erwartung von Liebe als auch die Antwort darauf, und es heißt die Partnerschaft mit dem Himmel willkommen. Das Höhere Bewusstsein bewegt sich über die Blockaden des Unterbewusstseins und seiner Seelenwunden und Konflikte hinweg. Es ist kraftvoll wirksam, hoch begabt und strahlend. Es verpasst nie eine Gelegenheit, zu segnen und zu helfen. Das Höhere Bewusstsein ist ein Schritt auf dem Weg, deine Einheit zu verwirklichen.

Wusstest du, dass du anfängst, dein Ego loszulassen, wenn du dich immer weiter von der Unabhängigkeit hin zu spiritueller Partnerschaft entwickelst?

Ein Ego aufzubauen stellt einen notwendigen Teil der menschlichen Entwicklung dar, der es dir erst möglich macht, in der Welt zurechtzukommen. Um jedoch Höheres Bewusstsein zu erlangen, musst du alle Ichvorstellungen deines Ego abbauen. Dein Ego ermöglicht dir alle Erfahrungen des niedrigeren Bewusstseins. Es ist ein Lerninstrument, das jede nur mögliche Form von Trennung benutzt (also Angst, Autoritätsprobleme, Opferhaltungen, Herrschsucht, Sklaverei, Konkurrenzdenken, Gefühle der Besonderheit, Glamour, Überlegenheitsgefühle, Minderwertigkeitsgefühle, Krieg, Machtkämpfe, Verzögerungen, Ablenkungen und Schwierigkeiten), um sich dadurch selbst zu stärken, die Kontrolle zu bewahren und seine Existenz fortzusetzen.

Während du deine Fähigkeit zu Liebe, Lebensfreude, Vergebung, Loslassen, Frieden, Glücklichsein, Teilen, Integrität, *Joining*, Geben, Vertrauen, Bereitschaft zur Bindung, Heilung, Integration und Empfangen entwickelst, schmilzt du die vielen Schichten deines Ego weg. Indem du dich entwickelst, verbringst du immer mehr Zeit damit,

Liebe und Lebensfreude zu erfahren und anderen zu helfen. Wenn du die Hindernisse rund um den in dir bereits vorhandenen Zustand des Höheren Bewusstseins forträumst, kann dieses endlich ausstrahlen.

Das Höhere Bewusstsein ist expansiv. Dein Ego ist das Gegenteil davon, es zieht sich zusammen, und es versucht, auch andere in einem Zustand der Kontraktion zu halten. Alles, was dich ermutigt, dich auszudehnen – wie Großzügigkeit, Kreativität, Anerkennung, Schönheit oder Dankbarkeit –, bringt dich der Erfahrung deines wahren Selbst im Höheren Bewusstsein ein Stück näher.

Höhere Blickwinkel

Wusstest du, dass es deiner Seele ziemlich gleich ist, ob du eine gute Zeit hast oder nicht?

Deine Seele interessiert sich für deine Heilung und deine persönliche Entwicklung. Wenn das bedeutet, irritierende Themen oder Emotionen an die Oberfläche zu bringen, die du in deinem Inneren begraben hast, wird sie das unterstützen. Wenn du der Wahrheit besonders beharrlich ausweichst, wirst du einen lauteren Weckruf brauchen. Wenn du dich so abgeschirmt hast, dass deine Seele dir ihre Führung auf keine andere, vielleicht sanftere Weise vermitteln kann, dann wird sie jede Möglichkeit nutzen, um deine Aufmerksamkeit zu erlangen.

Wenn du alle Gaben, die dir geboten worden sind, gänzlich abgelehnt hast, wenn du dich in einem so starken Kontrollmuster befindest, dass du alle Zugänge zu deiner Lebensaufgabe und deinem Schicksal versperrt hast, dann wird deine Seele sogar bereit sein, dich sterben zu lassen, weil du – spirituell gesehen – in einer Sackgasse, an einem toten Punkt angekommen bist. Wie sehr du dich mit deinem Körper und deinem Ego identifizierst, so sehr fürchtest du dich vor dem Tod – der Tod ist aber für die Seele keine so große Sache. Sie weiß, dass du immer bist. Wenn du in einer Schule nichts mehr lernen kannst, wird sie diese für dich schließen und dir eine neue öffnen, selbst dann, wenn das auf einer anderen Existenzebene erfolgen muss.

Wenn du die Versprechen deiner Seele, deinen Zweck auf Erden zu erfüllen – einigen Menschen zu helfen, dich mit anderen zu verbinden, um sie zu unterstützen, und den versprochenen Beitrag für die Welt zu leisten –, nicht erfüllst, dann wird dein Leben schal werden, seelenlos und sinnlos. Wenn du versäumst, das zu heilen, was du dir für dieses Leben vorgenommen hast, und wenn du die dunklen Kapitel deines Geistes nicht erlöst, dann wird deine Seele durchaus bereit sein, die Notbremse zu ziehen, und eine solch fruchtlose Existenz beenden.

Nutze die kostbare Gelegenheit des menschlichen Lebens, um dich selbst voranzubringen und dein wahres Wesen kennen zu lernen: deine Identität als ein Kind Gottes. Wenn du anfängst, aus dem Blickwinkel deiner Seele zu sehen, wirst du ein schöpferischer, kraftvoller, ursprünglicher und genialer Mensch. Du beginnst, in die Ebene der Meisterschaft einzutreten.

Wusstest du, dass die beste Perspektive, die du in jeder Situation einnehmen kannst, die Perspektive deines *spirits* ist, der alle Dinge aus der Liebe und der Einheit betrachtet?

Aus dem Blickwinkel deines *spirits*, deines Höheren Geistes, bist du immer sicher und nichts kann dir schaden oder dich verletzen. Das ist die Perspektive, die Jesus vor der Kreuzigung erreichte. Du kannst nicht verletzt, betrogen oder verwundet werden, weil du reiner Geist bist. Als *spirit* hast du keine Feinde, weil das, was ganz und ganzheitlich ist, sich gegen nichts wenden kann.

Als *spirit* bist du geheilt und glücklich, und du weißt, dass du Licht, Liebe und Teil von allem, was ist, bist. Du musst nichts tun. Es gibt nichts, was du brauchst, und du stellst keine Forderungen. Du hast alles, einschließlich des ewigen Wissens des Geistes. Dein *spirit* hat Zugang zur ganzen Gnade und zu Wundern.

Du erkennst dich als Willen, als Teil des Willens Gottes, in vollkommener Harmonie hast du die Kraft Gottes in allen Dingen hinter dir. Als *spirit* erfährst du dich als vollkommenes Kind Gottes, als eine menschliche Verlängerung von Licht und Liebe, als im vollen Maße wert, geliebt zu werden und alle guten Dinge zu empfangen.

Dieser Geist in dir ist das, was die Einheit nie verloren hatte. Er wartet darauf, dass du das erkennst und verwirklichst, dass du aus dem Traum aufwachst und wieder als Teil des göttlichen Geistes lebst, in reiner, ewig währender Freude.

Idole

Wusstest du, dass du Idole hast, die du verehrst? Ein Idol ist etwas außerhalb von dir, von dem du meinst, dass es dich retten oder glücklich machen kann. In Wahrheit bringen Idole jedoch großes Unglück mit sich, weil sie dich in die falsche Richtung führen. Sie sind falsche Götter, die dir nicht helfen können, weil sie Gott als die Quelle deiner Glückseligkeit zu ersetzen versuchen. Sie führen immer zu Enttäuschungen – die im Extremfall so groß sein können, dass sie dich töten.

Die Idole, die deinen Glauben besetzen, können dich niemals über eine längere Zeit hinweg glücklich machen. Es gibt so genannte positive Idole wie Geld, Sex, Beziehungen, Affären, Ansehen und Macht. Und es gibt negative Idole wie Tod, Krankheit, Leiden und Opfer. Aber in jedem Fall sind Idole schlechte Investitionen.

Es gibt viele Stadien in der Entwicklung eines Idols. Es fängt als ein Bedürfnis an, wird zu einer Neigung, irgendwann ist es etwas, dem man zunehmend frönt, dann wächst es sich zu einer Sucht aus und verwandelt sich schließlich in ein Idol.

Deine Idole sind normalerweise in deinem Unbewussten vergraben. Sie sind davon abhängig, dass du sie mit deinem mangelhaften Bewusstsein nicht entdeckst. Das hat seine Gründe, denn jedes Produkt des Ego, das auf der Macht von Getrenntheit beruht, könnte der Prüfung durch die Wahrheit nicht lange standhalten. Idole sind so gefährlich, weil sie dich in die falsche Richtung und zu falschen Einstellungen führen. Derweil jagst du Dingen nach, von denen du denkst, dass sie dir beistehen und dich glücklich machen könnten.

Nur Glück, das aus deinem Inneren kommt, wird bestehen, und nur Liebe wird dich erhalten.

Integration

Wusstest du, dass jede Heilung mit Integration zu tun hat – mit der Überwindung einer Spaltung in deinem Geist?

Jede negative Emotion, die du mit dir herumträgst, wohnt in den Lücken zwischen den gegensätzlichen, den gespaltenen Teilen deines Bewusstseins. Wenn diese Teile zusammenkommen und der Schmerz zwischen ihnen aufgelöst wird, können auch die Angst und die Trennung, die an der Wurzel des Problems steckt, geheilt werden.

Es ist Integration, die die unterschiedlichen Ziele verschiedener Teile deines Geistes zusammenführt und ihnen eine gemeinsame wahre Richtung weist. Wenn es integriert wird, transformiert sich Negatives in das Positive eines größeren Ganzen. Was vor der Integration negativ war, wird nun zu einem Gegenmittel gegen zukünftig auftretendes Negatives. Wenn sich Teile deines Bewusstseins verbinden, erlebst du größere Stärke und Selbstvertrauen. Diese Ganzheit erlaubt weitaus mehr Geben und Empfangen, was dich in ein harmonisches Gleichgewicht bringt und dich für alle Arten echter Partnerschaft öffnet.

Wo Integration ist, ist Integrität, Wahrheit und Wirksamkeit, so dass Konflikte leicht gelöst werden können. Integration führt zu Frieden, zu besserer Kommunikation und lässt *Bonding* zu, das Schaffen von Bindungen.

Introjektion (Leid übertragen)

Wusstest du, dass du in eine der gefährlichsten Fallen geraten bist, wenn du versuchst, anderen zu helfen, indem du ihr Leid zu dir nimmst?

Introjektion nennt man die psychische Fähigkeit, die Not anderer aufzunehmen, zu »schlucken«, bzw. sie damit zu »infizieren«, also psychische Inhalte zu übertragen.* Es ist nur dann eine erfolgreiche Methode zur Heilung, falls du über genügend psychische Kräfte verfügst, dich vom Leid, das du auf dich nimmst, auch wieder zu befreien. Im Allgemeinen gilt, dass du den Schmerz anderer, den du in dich aufgenommen hast, weiterträgst, als ob er dein eigener wäre. Und er wiegt noch schwerer: Da es nämlich nicht deine eigene Not ist, kann eine konventionelle Psychotherapie diese Introjektion auch nicht wirklich heilen. Sie mag sie zeitweise zum Verschwinden bringen, aber sie wird immer wieder auftauchen.

Um dich von dieser Art von Leid zu befreien, musst du erkennen, wie viel du davon in dich aufgenommen hast, von deiner Kindheit bis heute. Dann musst du loslassen. Gib den Schluckmechanismus in Gottes Hände,

* Introjektion im Unterschied zur Projektion; beides Begriffe der modernen Psychologie. (Anm. d. Ü.)

gib Gott Seinen Job zurück. Stell dann deine natürliche psychische Heilgabe (die nötig war, als du den Schmerz geschluckt hast) unter die Führung deines Höheren Geistes, damit sie nicht von deinem Ego missbraucht werden kann.

Alles, was du durch Introjektion geschafft hast, hätte durch Gnade erreicht werden können, ohne jede Notwendigkeit, dabei dein Wohlbefinden zu opfern. Introjektion ist eine Strategie deines Ego, sie kann nur aufrechterhalten werden, wenn sie nicht entdeckt und offenbart wird. In der Vergangenheit war diese Form von Opfer vielleicht deine einzige Methode, anderen zu helfen. Jetzt aber kannst du eine leichtere und wirksamere erlernen, um dich in deiner Umwelt einzubringen und zu helfen.

Introjektion ist missbrauchtes Mitgefühl, ein Mitgefühl, das zu Mitleid verzerrt worden ist. Es erzeugt einen Zustand der Verwirrung und verschwommener Angrenzungen und niemals wahre Bindungen der Menschen untereinander.

Intuition

Wusstest du, dass du deine Intuition für eine Methode, die einfacher ist als Hypnose, benutzen kannst, um die versteckten Wurzeln deiner Probleme offen zu legen?

Deine Intuition ist in der Lage, sich an deinem Ego, an deinem konventionellen Denken und an deinem selektiven Gedächtnis vorbeizumogeln, so dass du sie als ein wirksames Instrument der Heilung benutzen kannst. Sie kann durch deine Abwehr, die Vergesslichkeit und alle Verteidigungsmechanismen hindurchgehen und dir von deinem Höheren Bewusstsein gesteuert helfen, endlich zu verstehen. Sie erlaubt dir, an die Wurzel jedes Konflikts zu gelangen, dorthin, wo deine Muster von Schmerz und Selbstniederlage begannen. Du kannst sie gebrauchen, um zu sehen, wo du Fehler gemacht hast, und mit dieser Bewusstwerdung die Missverständnisse korrigieren, die Trennung heilen und wieder Verbundenheit herstellen.

Du kannst deine Intuition herbeirufen, indem du dir selbst Fragen stellst wie: »Was wäre, wenn ich dieses oder jenes wüsste?« Du kannst dich zum Beispiel selbst zu den intuitiven Antworten anregen, indem du dir sagst (oder einen Freund bittest, dich zu fragen): »Wenn ich wissen könnte, wann dieser Konflikt, das Problem oder die

Krankheit begann, war das wahrscheinlich, als ich ... Jahre alt war.« Oder: »Wenn ich erfahren könnte, mit wem das passierte, wäre es wahrscheinlich am ehesten mit ... gewesen.« Oder: »Wenn ich wüsste, was tatsächlich passierte, wäre es vermutlich ....«

Du wirst überrascht sein, wie leicht die Antworten in deinem Bewusstsein auftauchen. So leicht, dass du dich vielleicht sogar wunderst, ob sie denn überhaupt wahr sein können. Vertraue diesem Prozess und sieh, wohin er dich führt. Du wirst erstaunt sein. Gestatte deinem Alltagsbewusstsein jedoch nicht, sich einzumischen und zu versuchen, die Antworten herauszufinden. Dein Alltagsbewusstsein kann hier nicht helfen, es wird sich dir nur in den Weg stellen.

Wenn du die Wurzel deines Problems erst einmal gefunden hast, kannst du unterschiedliche Heilmethoden anwenden. Vergebung und die Annahme der Gabe, die du wegen des Problems blockiert hast, sind zwei der schnellsten Wege. Wenn du die Gabe akzeptierst und sie mit jenen teilst, die anwesend sind, oder mit jenen, denen du vergibst, wirst du von diesem Muster befreit, weil du seine Wurzeln gekappt hast.

Jobprobleme

Wusstest du, dass dir deine Probleme mit Arbeit, Beruf und Karriere die Probleme spiegeln, die du mit deinem Vater hast?

Deine Beziehung zu deinem Vater ist das Grundmuster für deine männliche Seite, die Seite von Beruf und Karriere. Wenn du Probleme mit deinem Vater hast, bestimmt das die Muster in der Arbeit, die zu Versagen führen, zu Autoritätskonflikten, Opferhaltungen, Rache, Faulheit, Überarbeitung, Mangel an Erfolg und zu ganz allgemeinen Schwierigkeiten.

Viele deiner Berufsprobleme könnten transformiert werden, wenn du deine Beziehung zu deinem Vater aufbaust beziehungsweise verbesserst, selbst wenn er nicht mehr lebt. Wenn du dich von ihm unverstanden gefühlt hast, als du klein warst, könntest du versuchen, ihn jetzt zu verstehen. Das würde dir die Gabe verleihen, Erfolg zu verstehen. Wenn er dein Herz gebrochen hat, könntest du den dahinter liegenden Sinn herausfinden und erforschen, in welcher Hinsicht es dir gedient hat. Du kannst dich fragen, welchen Vorwand oder welche Entschuldigung es dir geliefert hat, etwas zu tun oder zu lassen. Wenn du das erfolgreich klärst, wird dich das vom Machtkampf und den Autoritätskonflikten in deinem Leben befreien. Wenn du dich verlassen gefühlt hast, könntest du verstehen, wie das in eure Familiendynamik gepasst hat, und du könntest wieder Verbundenheit herstellen, die auf leichte Weise zu Liebe und Erfolg führen kann.

Wenn du dich schuldig fühlst und deshalb eine bestimmte Rolle angenommen hast, den Helden, den Sündenbock, das Opfer oder das verlorene Kind spielst, könntest du das als eine unwirksame Strategie erkennen und sie loslassen. Du könntest dich entscheiden, dich stattdessen zu deinem Vater und zu deiner Familie zu bekennen, was dich vor unbelohnter harter Arbeit, einer Unfähigkeit zu empfangen und vor Burnout bewahren würde. Wenn du Gefühle der Unzulänglichkeit oder Bedürftigkeit hast oder als Folge der Beziehung zu deinem Vater unter einem Muster von Überlegenheit oder Minderwertigkeit leidest, könntest du dich dafür entscheiden, eure Ebenbürtigkeit zu akzeptieren. Das würde dir Jahre des Vergleichens ersparen, des Selbstzweifels und des Gefühls, in einer Tretmühle gefangen zu sein. Es würde dir auch die Sicherheit von Selbstvertrauen geben.

Wenn du den Druck von zu hohen Forderungen, Erwartungen und Perfektionismus spürst, könntest du loslassen und nach vorne gehen, indem du Ziele setzt. Wenn du das nicht tust, wirst du erleben, wie das Spektrum vor dir ausufert, weil du zu viele Optionen hast und weil du vor der Vergangenheit davonläufst – oder du wirst in die Falle geraten, an der Vergangenheit festzuhalten. Wenn du fühlst, nicht genügend geliebt worden zu sein oder nicht genug Aufmerksamkeit von deinem

Vater erhalten zu haben, könntest du jetzt ihm jene Liebe und Zuwendung geben. Ihr würdet beide wachsen und reifen, während ihr euch von alten Mustern befreit. Das würde dir einflussreiche, kreative Partnerschaften mit starken Führern wie deinen Vorgesetzten einbringen, die unterstützen würden, dass auch du selbst in Führungspositionen aufsteigst.

Joining (Verbundenheit)

Wusstest du, dass du in Wahrheit von keinem anderen getrennt bist?

Es ist leicht zu verstehen, warum du glaubst, dass du als menschliches Wesen von anderen getrennt bist. Schließlich scheinst du einen getrennten Körper zu haben, und dein Ego stellt dich in Konkurrenz zu anderen im Glauben, dass von den begehrenswerten Dingen nicht genug für alle da ist.

Aber du bist viel mehr als der Körper, den du bewohnst. Tatsächlich bist du nicht in der geringsten Weise vom Rest der Menschheit und von allem Leben getrennt. Das ist so, weil die primäre Wirklichkeit aller lebenden Wesen und speziell der Menschen auch von allen geteilt wird: In Beziehung und Verbundenheit mit anderen Lebewesen zu sein ist unsere grundlegende Natur.

Inseln im Meer scheinen voneinander getrennt zu sein – doch wenn du unter die Wasseroberfläche schauen würdest, könntest du feststellen, dass ihre Getrenntheit reine Illusion ist. Unter der Oberfläche unseres Alltagsbewusstseins sind wir nicht einfach nur miteinander verbunden, sondern wir sind ein und dasselbe Wesen, dasselbe Sein. Es gibt nur ein Kind Gottes, es gibt hier nur einen Einzigen. Aus diesem Grund haben wir gegenseitig Zugang zum Herzen und zum Bewusstsein anderer Menschen.

Der therapeutische Ansatz, sich mit einem anderen zu verbinden und Liebe durch dich zum anderen fließen zu lassen, das *Joining*, ist eine sehr wirksame und erfolgreiche Heilmethode. Wenn Liebe in den menschlichen Organismus fließt, wird alles, das nicht Liebe ist, freigesetzt. Man könnte sagen, es verdunstet, so wie Dunkelheit verschwindet, wenn Licht erscheint. Der einfache Akt des *Joining*, der Nähe erzeugt und den Fluss von Liebe zwischen zwei Personen in Bewegung bringt, schafft eine heilsame Umgebung in beider Bewusstsein. Wenn es ein Thema gibt, das zur Heilung bereit ist, wird es sogleich an die Oberfläche der Wahrnehmung kommen und gelöst werden. Du kannst dich genauso leicht mit einer Gruppe verbinden wie mit einem Individuum, einem Tier, dem Sonnenuntergang, einem Berg oder dem Meer.

Wusstest du, dass du auch anderen helfen kannst, sich für die unmittelbare Erfahrung der Liebe Gottes und ihre heilende Kraft zu öffnen? Das ist möglich, wenn du verbunden bist und deine Chakras offen sind.

Über den Heilaspekt hinaus gibt es einen großen Nutzen des *Joining*-Vorgangs. Die Heilung ist in Wahrheit nur ein Nebenprodukt. Das eigentliche Ziel besteht darin, zwischen dem Geist des anderen und dem göttlichen Geist eine Verbindung zu begründen, damit dieser Mensch eine innige Nähe in seiner Beziehung zum Himmel erleben kann. Die Liebe des Schöpfers ergießt sich zu jeder Zeit in uns, aber wir sind uns dieser Liebe nicht bewusst, weil das Empfangskabel nicht richtig verbunden wurde.

Der Prozess bleibt der gleiche, ob du mit einer Gruppe von zweihundert Menschen oder mit einer einzelnen Person arbeitest. Du beginnst dabei zu erkennen, dass der andere Mensch beziehungsweise die vielen anderen und du dasselbe seid. Ihr seid gleich und ebenbürtig. Keiner ist überlegen oder unterlegen. Du triffst eine bewusste Entscheidung, sie als dich selbst zu erkennen und sie in deine Selbstdefinition einzuschließen. Du erkennst, dass es hier nur einen Einzigen gibt, und das bist du. Deshalb hast du Zugang zu allem, was die anderen spüren, weil es deine eigenen Gefühle sind.

Wenn du mit einer Gruppe arbeitest, werden die meisten Teilnehmer in sich selbst die Emotionen erkennen, die andere in Worten oder Handlungen ausdrücken. Die Seelen aller, die anwesend sind, werden übereinstimmen, und ein Thema, das nach einer für alle wichtigen gemeinsamen Heilung verlangt, wird im Geist von jedem Mitglied auftauchen. Erstaunlicherweise wird es in jedem Menschen dasselbe Thema sein, obwohl es sich in unterschiedlichen Lebensgeschichten darstellt. Du kannst während des Treffens mit Einzelnen arbeiten, aber es wird der Gruppengeist sein, den du durch deine eigenen Chakras nach oben hebst, so dass die gesamte Gruppe die Heilwirkungen erfährt.

Während du diese Bewusstheit in deinem Geist aufrechterhältst, erinnere dich an deine Beziehung zur Quelle von Liebe. Du kannst diese Quelle als Gott, Schöpferkraft, Allah oder dein Höheres Selbst ansehen – das spielt keine Rolle. *Joining* dreht sich nicht um Religion, sondern um die Beziehung zum *spirit*. Wenn du dich auf diese Beziehung einstellst und sie ganz in dein Bewusstsein bringst, wird sie auch in das Bewusstsein jener fluten, mit denen du verbunden bist, weil auch sie du sind.

Wenn Liebe in euer Bewusstsein fließt, muss sich das ablösen, was nicht Liebe ist – Schmerz, Trauma, negative Selbstbilder und alle anderen Folgen des Glaubens, dass du von Liebe getrennt bist. Halte die Bewusstheit deines Schmerzes im Gruppengeist, und erhebe ihn in die Bewusstheit der Liebe Gottes. Wenn die Liebe den Schmerz vollständig ersetzt, folgt ein geistiger Zustand, in dem ihr für Wunder offen seid. Das Thema ist geheilt, und die Erfahrung jener, die dem Prozess bis zum Abschluss gefolgt sind, ist die von Triumph und Seligkeit, ihr folgt eine tiefe Dankbarkeit, die ihnen aus dem Himmel zuströmt und von ihnen zum Himmel fließt. Wenn Menschen diesem Prozess sehr widerstreben, heilen sie das Thema vielleicht nicht vollständig, aber sie werden Ansätze dazu machen und einzelne Schichten ihres Schmerzes klären.

Wenn das Wunder geschieht und euer Bewusstsein von Seligkeit erfüllt wird, ist das so, als ob sich ein anderer, ein wahrer Hintergrund für diese Welt vor euren Augen senkt. Ihr ersetzt die Illusion der rein körperlichen Welt durch die Erfahrung der vollkommenen Welt, durch Unschuld und Schönheit.

Wusstest du, dass im Verlauf des *Joining*-Prozesses emotionales Leid aus deinem physischen Körper gezogen und durch dein Chakrasystem aufgelöst wird?

Wenn sich deine Themen und ihre Emotionen und Glaubenssätze für Heilung öffnen, bewegen sie sich durch deinen Körper und durch deine Chakras. Jedes Chakra ist ein energetisches Zentrum von Bewusstheit, und alle Emotionen müssen in den Chakras verarbeitet werden, ähnlich, wie man Getreide in eine Mühle gibt. Während du deine Emotionen im immer feineren Mahlwerk deiner bewussten Wahrnehmung verarbeitest, werden sie auch in ihren Schwingungen feiner, so dass sie im folgenden Chakra auf einer höheren Ebene gelöst werden können. Am Ende schwingen deine Emotionen auf einer solch hohen und subtilen Ebene, dass sie von der Liebe vollständig gereinigt werden.

Anfänglich tauchen Emotionen und Themen, die freigesetzt werden, in deinen Organen und Muskeln auf. Wenn sich der größte Teil der Emotionen schließlich aus deinem Weichgewebe herausgelöst hat, wirst du die Emotionen freigeben, die in den festeren Bereichen lagern. Du kannst es förmlich spüren, wenn Emotionen aus deinen Knochen gelöst werden, du wirst zittern und mit den Zähnen klappern. Während sich die Emotionen lösen, verwandelt die Liebe, die an ihren Platz tritt, deinen Körper bis auf die Ebene der Zellen, damit du buchstäblich mehr Licht in dein irdisches Sein bringen kannst.

Wir haben sieben Hauptchakras im physischen Körper und viele noch darüber liegende wahrnehmen können. Die Heilung durch Liebe beginnt üblicherweise, indem man sich auf ein Thema im vierten Chakra ausrichtet, der Herzebene, und es von dort an weiter nach oben führt. Jedes Mal, wenn sich dein Bewusstsein durch das Chakrasystem nach oben bewegt und sich mit der Bewusstheit der göttlichen Liebe verbindet, die in dich einfließt, entwickelt sich deine Fähigkeit, diesen Zustand der Gnade zu erfahren, und deine Kompetenz, sie zu verkörpern, wird größer. Jedes Mal, wenn dein Bewusstsein auf diesem Pfad reist, wird ein weiterer Verbindungsfaden geknüpft.

Nachdem eine Reihe von solchen Fäden gelegt worden ist, wird die Verbindung wie eine Schnur oder eine Saite. Wenn genügend Fäden zusammengekommen sind, ist die Verbindung so stark wie ein Seil, und die Reise nach oben wird dir immer leichter fallen. Nach einer Anzahl solcher Reisen, wird aus dem Seil ein Kabel. Schließlich bildet sich daraus so etwas wie ein Lift, und die Fahrt nach oben geht rasch und selbstverständlich. Die Erfahrung der Gnade Gottes wird jederzeit verfügbar, wenn du dich daran erinnerst, deine Aufmerksamkeit zum Himmel zu lenken. Von da an besteht das Ziel darin, die Aufmerksamkeit so oft und innig wie möglich auf jene höhere Beziehung gerichtet zu halten, bis du endlich niemals, für keinen Augenblick, das Bewusstsein der Gegenwart Gottes verlierst.

Wusstest du, dass du das Einssein mit jedem anderen Wesen erfahren kannst, wenn du das *Joining* einmal gelernt hast?

Wenn sich deine Fähigkeit zur Verbundenheit entwickelt hat, kannst du ganz leicht die Erfahrung des *Joining* haben, wenn du mit jemandem zusammensitzt und in seine Augen schaust. Selbst wenn sich eure Augen quer durch einen Raum voller Menschen begegnen, ist dieses Sich-Verbinden möglich. Du kannst dich sogar genauso leicht über das Telefon mit einem Menschen auf der anderen Seite der Welt verbinden, den du noch nie getroffen hast. Du kannst spüren, was er fühlt, und die Erfahrung von Liebe mit ihm teilen. Die Heilungsergebnisse werden die gleichen sein, als wäret ihr euch in einem alltäglichen Raum begegnet. Du kannst übrigens auch die Gefühle von einer Person erspüren, die du im Fernsehen siehst, auf Video oder in einem Film. Oder jemand erwähnt den Namen eines dir unbekannten Menschen, und du erspürst im selben Augenblick, was er fühlt – allein aufgrund deiner Bereitschaft, dich auf ihn einzustellen und dich mit ihm zu verbinden.

Die Methode, anderen auf ganz direkte Weise Liebe zu geben und Liebe als ein wunderbares Heilmittel anzuwenden, kann man auf höchstem Niveau lernen und selbst weitergeben. Die *Psychologie der Vision* hat derzeit Trainer genannte Lehrer und Lehrerinnen, die das *Joining* in Asien, Nordamerika, Europa, Australien und Afrika verwenden. Man erlernt diese Technik, indem man sie selbst erfährt. Wer sie einmal erlernt hat, kann sich mit derselben Quelle von Gnade verbinden, die ihm oder ihr gezeigt worden ist, und sie dann wiederum mit anderen für deren Heilung teilen.

Wusstest du, dass mit der *Joining*-Methode Therapeut und Klient gleichzeitig geheilt werden?

Ein Therapeut oder Heiler, der die Heilkraft des *Joining* einsetzt, kann sozusagen huckepack reiten auf der

Not und den Schwierigkeiten der Klienten, die er behandelt. Die Dramen, die manchmal nötig sind, um das Unterbewusste herauszulösen, werden in seiner Entwicklung entscheidend weniger. Das reduziert ihren Drang, sich empathisch auf den Klienten einzuschwingen, und heilt dabei alles, was während dieses Prozesses in ihrem eigenen System auftaucht. Bei dieser Methode sind Heiler und zu Heilender ebenbürtig und auf derselben Ebene. Obwohl der Therapeut den Verlauf führt, ist er davon nicht getrennt. Falls sein Körper dasselbe Thema eingelagert hat, wird es sich bemerkbar machen. Wenn der Therapeut das betreffende Thema bereits geheilt hat, wird er während der ganzen Sitzung in einem Zustand der Gnade verweilen und die Liebe erfahren können, die das Thema hervorlockt und erlöst.

In der gleichen Weise können Teilnehmer eines Seminars »huckepack reiten«, wenn andere im Raum ihre alten Themen heilen. Sie können damit auch vermeiden, dass neue Traumaerfahrungen die alten Schmerzen wieder erwecken.

Kindheit

Wusstest du, dass es nie zu spät ist, eine glückliche Kindheit zu haben?

Während du dich wandelst, heilst und wächst, verändert sich sowohl deine Sicht auf deine Kindheit als auch die Geschichte, die du darüber in dir trägst. Wenn du in deiner Bewusstwerdung entscheidend vorangekommen bist, siehst du dich nicht mehr länger als Opfer, das in der Vergangenheit gefangen bleibt. Du gehst über den Hass auf andere weit hinaus und gibst ihnen keine Schuld mehr dafür, dass du so bist, wie du heute bist, oder dafür, was für ein Leben du führst.

Wenn dein Schmerz, deine Anklagen und deine Schuldgefühle transformiert worden sind, wird es ganz leicht für dich, dich auf all die Lektionen und Gaben einzulassen, die die ganze Zeit schon auf dich gewartet haben. Statt jene, von denen du meintest, dass sie dich hassten oder dich verletzt haben, zu verurteilen, empfindest du Mitgefühl. Wenn du den Schmerz losgelassen hast und eine neue Ebene der Verbundenheit mit dir selbst und den Menschen in der Welt gefunden hast, fällt es dir leicht, die Talente zu nutzen, die alle Beteiligten befreien können.

Das verändert deine Wahrnehmung und Erfahrung der Vergangenheit und erlaubt dir, im Moment, in der

Gegenwart Glück zu erleben. Du bewegst dich über dein Leiden hinaus und betrachtest das Leben auf eine ganz neue Weise. Du blickst die Vergangenheit anders an und siehst einen großen, hoffnungsvollen Horizont für die Zukunft. Nun schaust du wirklich zurück und erinnerst dich an eine Kindheit voller Seligkeit.

Konkurrenz

Wusstest du, dass Konkurrenz eine Kraft ist, die Erfolg und Partnerschaft lähmt?

Jeder Wettbewerb, der einen kleinen Machtkampf darstellt, basiert auf der Überzeugung, dass es ein Erfolg sei, jemanden zu besiegen, um die eigenen Bedürfnisse zu erfüllen. Du kannst vielleicht einen Sieg nach dem anderen erringen und trotzdem nicht lernen, was für wahren Erfolg nötig ist. Laufend zu gewinnen kann auch zu Selbstzufriedenheit führen. Allerdings ist nicht der Sieg das Ziel, sondern der Erfolg.

Konkurrenz ist letztlich eine Verzögerungstaktik, die die Angst vor Partnerschaft, Erfolg und Nähe verbirgt. Wettbewerb strebt nach Besonderheit, nach egoistischem Verlangen, das sich zu Lasten anderer aufbaut und dabei Partnerschaft, Teamarbeit und Erfolg zerstört.

Unsere heutige Gesellschaft wurzelt in einem Wettbewerbsdenken, das sich aufgrund einer Familienstruktur entwickelt hat, die kaum noch Bindungen kennt. Das Maß, in dem eine Familie unverbunden ist, bestimmt gleichzeitig, wie sehr diese Familie dysfunktional, also gestört ist und wie sehr ihre Mitglieder in Rollen gefangen sind, die in ihrem Wesen bereits auf Konkurrenz abzielen.

Rollen erzeugen Leblosigkeit und Überforderung, weil sie verhindern, dass du empfänglich bist. Rollen diktieren, was du als deine Pflicht ansehen sollst. Sie stehen auch im Wettbewerb um Liebe und Aufmerksamkeit und kämpfen darum, dass deine Bedürfnisse erfüllt werden. Sogar die Opferbereitschaft, auf denen Rollen beruhen, ist von Konkurrenzdenken bestimmt: Denn obwohl du nun sogar bereit bist, etwas zu verlieren und nichts zu empfangen, weil du eine Opferrolle spielst, machst du das insgeheim doch, um später zu gewinnen. Leblosigkeit ist eine weitere Auswirkung von Konkurrenzverhalten. Wenn du dich von einem anderen Menschen zurückziehst, damit er oder sie nicht über dich siegen kann, hat das zur Folge, dass die Beziehung erkaltet und man kein Interesse mehr aneinander hat.

Schwäche und Unabhängigkeit des Konkurrenzverhaltens können in die Stärke von gegenseitig verbundener Abhängigkeit und Kooperation verwandelt werden. Die in deiner Ursprungsfamilie verloren gegangene Verbundenheit kannst du durch deine Bereitschaft, dich zu verbinden, in deiner gegenwärtigen Familie, in jetzigen Beziehungen und Arbeitsteams wiederherstellen.

Das Geschäftsleben und die Gesellschaft, die auf Wettbewerbsverhalten aufbauen, brauchen dringend ein neues Ziel, das sich zu Partnerschaft und Erfolg hin orientiert. Konkurrenz gebiert Dissoziation und ein System von Gewinnern und Verlierern, bei dem die Gewinner am Ende die Rechnungen zahlen. In Beziehungen, den elementaren Bausteinen von Familie und Gesellschaft, zerstört Konkurrenz die Partnerschaft. Nur Gleichberechtigung und Ebenbürtigkeit erlaubt Partnern, Gemeinschaft und Gesellschaft zusammen zu entwerfen und zu bauen.

Konsequente Abhängigkeit

Wusstest du, dass eine konsequente Abhängigkeit die höchste Form von Beziehung und Bewusstsein ist?

In jungen Jahren bist du von deinen Eltern abhängig und von all denen, die sich darüber hinaus um dich kümmern. Der negative Aspekt dabei ist: Wenn sie nicht so handeln, wie du es für die Erfüllung deiner Bedürfnisse willst, fühlst du dich als Opfer. Während du älter wirst, wächst du in deine Unabhängigkeit hinein, wirst stärker und gewinnst mehr eigene Möglichkeiten und Freiräume.

Die negative Seite der Unabhängigkeit besteht in Abspaltung oder Dissoziation, bei der du deine schmerzlichen Gefühle lieber von dir abtrennst, als sie zu heilen. Das entfernt dich noch weiter von deinen Bedürfnissen, was wiederum zu Stress führt und zu einer Unfähigkeit, in Beziehung zu treten und zu empfangen.

Wenn du dich dann weiterentwickelst, erreichst du eine Ebene von gegenseitiger Abhängigkeit und von ebenbürtiger Beziehung und Partnerschaft – dein Leben wird glücklicher und erfolgreicher.

Während dieses Stadiums entwickelst du die Fähigkeit zu echter Verbundenheit, und du klärst nicht nur unbewusste Blockaden, sondern auch unbewusstes Leid und Konflikte. Im Verlauf deiner Evolution entwickelst du mehr Talente und Fähigkeiten, eine größere Ganzheitlichkeit, Integrität, Liebe, Glück, Erfolg und Wirksamkeit.

Schließlich kommt das Stadium der konsequenten Abhängigkeit. Das ist ein Bereich, der sich auf Meisterschaft und Erleuchtung erstreckt. Diese Stufe ist mystisch und voller Wunder, weil deine Beziehungsfähigkeit in die Tiefen anderer Wesen und bis zu Gott reicht. Deine Fähigkeit, Gnade zu empfangen, Freude zu spüren, friedfertig zu sein und hilfsbereit zu handeln, verstärkt sich enorm.

An dieser Stelle wirst du in großem Maße abhängig. Du wirst wie ein kleines Kind, völlig unschuldig, und du hängst erneut an liebevollen Eltern. Wie Jesus sagte, kannst du nur als kleines Kind ins Himmelreich, das für das Bewusstsein von Einheit oder Erleuchtung steht. Hier lebst du dein Leben vom Blickpunkt des *spirits*, in Sicherheit und Ganzheitlichkeit. Du schaust weiter über dein Ego und deinen Körper hinaus, um deine Identität festzustellen, du erkennst dich als ein Kind Gottes und nimmst zur Kenntnis, dass du alles Gute der Welt verdienst.

Krankheit

Wusstest du, dass Krankheit eine Fehlentscheidung ist, die du aus Angst triffst?

Jede Krankheit ist eine Form des Selbstangriffes, den du in der Hoffnung startest, dass er deine Situation auf magische Weise verbessert. Eigenattacken machen aber nie irgendetwas besser; sie vergrößern nur deine Angst.

Eine Krankheit ist die Manifestation einer Vielzahl von Dingen, die aus unterbewussten und unbewussten Ebenen kommend zusammentreffen. Jede Krankheit ist ein Ruf nach Hilfe und Liebe, und sie verweist auf eine Lektion, die gelernt werden muss – wenn es sich um eine lebensbedrohliche Krankheit handelt, ist dies eine Lektion auf der Seelenebene.

Auf der unterbewussten Ebene ist Krankheit eine Attacke, Beschwerde oder Anklage. Sie lässt dich in die familiär bedingte Rolle des Märtyrers schlüpfen im Versuch, einen Verwandten oder die ganze Familie zu retten. Sie ist Teil deines Machtkampfes, ein Versuch, jemanden durch einen Racheakt zu besiegen. Sie stellt eine unterbewusste Botschaft an wichtige Menschen in deinem Leben dar, an dich selbst und an Gott. Sie ist ein Versuch, getrennt zu bleiben, mit Angst irgendwie umgehen zu können oder Schuld abzuzahlen. Sie ist ein Mittel, um dir in einer Angelegenheit Recht zu verschaffen, und ein

Versuch, etwas unter Beweis zu stellen. Krankheit ist die Anstrengung, ein Bedürfnis zu erfüllen und sich an jemandem oder an etwas festzuhalten. Sie versucht, andere oder dich selbst (oder beide) zu kontrollieren, und sie spiegelt dir deine Glaubenssätze wider. Eine Krankheit ist ein Ausdruck der Angst vor dem nächsten Schritt.

Unbewusst kann Krankheit ein ererbtes oder ein Seelenmuster sein oder eine Herausforderung der Seele, die du vor deiner Geburt verabredet hast als einen Anlass, der dich nach vorn zur Bewusstwerdung springen lässt. Sie ist die Furcht vor einem Talent oder einer Chance; sie ist die Angst vor Erfolg, Nähe, deiner Großartigkeit und deinem Lebenssinn. Sie ist eine Form, Gott anzugreifen, ein Versuch zu beweisen, dass Er etwas falsch gemacht hat. Sie kann unbewusste Verschwörungen offenbaren, und sie verdeutlicht in jedem Fall deine dunklen Seiten und Idole. Das sind deine falschen Götter, Leiden und Kreuzigung, von denen du glaubst, dass sie dich erlösen und glücklich machen könnten.

Krankheit kann dir die Verkörperung deiner schlimmsten Befürchtungen oder Schattengestalten vors Gesicht halten – den Invaliden, das Waisenkind, den Zerstörer, Mörder, Betrüger, Tyrann, Folterer und so fort. Oder auch deinen Hang zur Eigenbestrafung in dieser Hinsicht. Sie kann deine Angst davor aufzeigen, du selbst zu sein, dein Schicksal anzunehmen, alles zu empfangen, oder deine Angst vor der Einheit mit Gott.

Krankheit spiegelt einen Konflikt auf den unterbewussten oder unbewussten Ebenen deines Geistes. Sie ist eine Fehlentscheidung, wegen der du deinen Körper die geistigen Kämpfe austragen lässt.

Wenn jemand in deinem Umfeld krank ist, ist das eine Spiegelung deines tieferen Geistes- und Glaubenssystems. Du bist damit aufgerufen, dich selbst zu heilen und diesen Menschen so gut, wie es dir möglich ist, zu lieben, ihn zu unterstützen und für ihn zu beten. Jedes Mal, wenn du diesem Kranken Hilfe oder Liebe gibst, gibst du sie dir selbst im gleichen Maß.

Langeweile

Wusstest du, dass Langeweile sofort geheilt ist, wenn du ein emotionales Risiko eingehst?

Langeweile ist ein Anzeichen für die Kontrolle, die du über dich selbst und andere ausüben willst. Du bist gelangweilt, wenn du dich zu sehr davor fürchtest, deine Erfahrungen mit anderen zu teilen, aus Angst, dass du dabei etwas verlieren könntest. Dein gespaltenes Bewusstsein hat dich gefangen, du hast Angst davor, dich mit dem zu beschäftigen, was für dich nicht funktioniert.

Wenn du gelangweilt bist, kannst du deine Verbindung zum Herzen nicht spüren. Wenn du das Risiko eingehst, deine Gefühle und Erlebnisse mit anderen zu teilen, wird das die Emotionen und die Lebensfreude sofort zurückbringen. Die Furcht, die dich veranlasst, deine Karten ganz nahe an die Brust zu drücken, verwandelt sich in einen aufregenden Nervenkitzel, wenn du dich offenbarst und anderen etwas von dir mitteilst. Durch deine Bereitschaft, dich auf ein Risiko einzulassen, hast du zudem auch noch den Vorteil, deine Kontrollmechanismen in Selbstvertrauen verwandeln zu können. Das führt zu einer noch offeneren Kommunikation.

Kommunikation kann dir, wenn du sie richtig nutzt, jede Menge wertvolle Anregungen bieten, wenn du dich selbst mutig einbringst und aus dir herausgehst. Und sie beschert dir jene Freude, die sich aus der Bereitschaft ergibt, sich auf wahre Verbundenheit einzulassen.

Lebensaufgabe

Wusstest du, dass es eine Lebensaufgabe gibt, der nur du gerecht werden kannst?

Während es eine Reihe von Zwecken gibt, die du mit anderen teilst, wie Glückseligkeit, Heilung und Hilfe für andere, gibt es doch auch etwas, was nur du tun oder der Welt geben kannst.

Die meisten deiner Probleme entstehen als Folge deiner Angst vor dieser Lebensaufgabe. Du erzeugst Verschwörungen, die sich als Fallen erweisen, aus denen du scheinbar nicht entkommen kannst – damit nur ja keiner zu viel von dir erwartet. Diese Verschwörungen sind einfach Versuche, dich zu blockieren und vom Sinn deines Lebens abzulenken.

Deine grundlegende Aufgabe ist das, was du tun kannst und was dich in deinem Leben am meisten erfüllen wird. Das Niveau deiner Erfüllung zeigt an, wie sehr du deinen Zweck bereits lebst und verwirklichst. Deine Aufgabe verlangt nach deiner Liebe, deiner Kreativität, deinem Mitgefühl, deinem Genius, deinem Wunsch zu helfen und nach deinen Begabungen. Deine Lebensaufgabe ist dein Sinn. Es ist ein Versprechen, welches deine Seele gegeben hat, noch bevor du in dieses Leben gekommen bist.

Obwohl es einen allgemeinen Zweck gibt, der sich durch dein ganzes Leben zieht, hast du zu verschiedenen Zeiten eine Reihe spezifischer Zwecke, wozu manchmal gehören mag, einzelnen Menschen zu helfen. Der Plan für deine Lebensaufgabe zeigt sich in der Familie, in der du aufgewachsen bist. Das Maß, in dem du fähig bist, Verbundenheit zu begründen, während du Familienmitgliedern hilfst, die das brauchen, ist gleichzeitig das Maß, in dem du das Potential deines Lebenszweckes, der mit der Familie zu tun hat, verwirklichen wirst.

Wusstest du, dass dir deine Lebensaufgabe Sinn und Erfüllung schenkt?

Du erfährst Glück, wenn du deinen Zweck lebst, und dein Zweck ist es auch, glücklich zu sein. Die Glückseligkeit, die du erfährst und die du anderen bringst, ist ein wesentlicher Grund, warum du hier bist. Wenn du nicht glücklich bist, bist du dazu aufgerufen, dich zu verändern und zu heilen und deine Heilung durch *Joining* mit anderen zu teilen. *Joining* führt zu *Bonding* und zu Innigkeit und ist das eigentliche Wesen von Heilung. Wenn die Heilung stattgefunden hat, kehrt das Glück zurück.

Selbstloses Dienen bringt dir Erfüllung, indem du Brüdern und Schwestern in Not hilfst, und es erhebt jeden, der irgendwie beteiligt ist. Vielleicht hast du vor deiner Geburt auf der Seelenebene Versprechen abgegeben, bestimmten Menschen zu helfen, oft denen, die dich bitten, dich über ein gewöhnliches Maß hinaus für sie einzusetzen. In solchen Fällen benutzt du die Beziehung nicht, um dich in deiner Entwicklung zurückzuhalten, wie es sonst manchmal passiert. Vielmehr hilfst du dabei jemandem, der von keinem anderen auf dieselbe Weise Hilfe annehmen könnte.

Diese Versprechen auf der Seelenebene können dich hartnäckig vorwärts treiben, wenn andere schon längst aufgegeben hätten. Oftmals hast du nahen Verwandten solche Versprechen gegeben, zum Beispiel Vater oder Mutter, Geschwistern oder Kindern, so dass dich der Verwandtschaftsgrad auch motiviert. Wenn du diesen Vorgang einmal verstanden hast, wirst du erkennen, dass du im Inneren Seelengaben trägst, die darauf warten, dass du sie akzeptierst und mit der Person teilst, die sie braucht. Und zudem mit der Welt ganz allgemein.

Deinen Zweck, zu leben und dich zu verwirklichen, vermittelt dir Erfüllung. Das ist ein schöpferischer Akt der Liebe, weil es von dir verlangt, dich ganz hinzugeben und ganz mit anderen zu teilen. Es heilt auf die einfachste Weise unbewusste Brüche in deinem Bewusstsein. Es befreit dich aus der von Konsum bestimmten Gesellschaft, die vom Kreislauf des Bekommens und des Aufopferns angetrieben wird.

Dein Ego kann sich nicht halten, wenn du deinen Zweck lebst, weil es sich durch Liebe auflöst, durch Kreativität, Vision, Hilfsbereitschaft und die Erkenntnis deiner wahren Identität als *spirit*.

Lebensgeschichten

Wusstest du, dass es unbewusste Skripte oder Drehbücher gibt, nach denen du lebst? Sie bestimmen die Erfahrungen deines Lebens, kreieren entweder Positives oder richten ungeahnten Schaden an.

Du bist ein Wesen, das Geschichten erzählt. Da die meisten Geschichten jedoch aus einer sehr tiefen Ebene deines Geistes kommen, erkennst du nicht, dass du sie selbst geschrieben hast und auch der Hauptdarsteller in jeder Geschichte bist. Du bemerkst nicht, dass dein Leben die Spielfläche, die Bühne für deine Geschichten ist und dass du jede Art von Geschichte erzählen kannst, für die du dich entscheidest. Die Qualität deines Lebens hängt von der Natur der Geschichten ab, für die du dich entschieden hast.

Manchmal hast du viele negative Geschichten, die alle ziemlich ähnlich sind, dazu gehört auch ein Dutzend Storys von gebrochenen Herzen. In so einem Fall ist es wichtig, nicht nur daran zu arbeiten, eine dieser Geschichten zu klären. Du musst sie dir alle ansehen, sie alle auflösen, um dich vom Trauma des gebrochenen Herzens zu befreien. Wenn du einmal den Typus von Geschichten erkannt hast, die du besonders häufig erzählst, kannst du dich einfach dafür entscheiden, sie alle loszulassen.

Es gibt immer wieder Zeiten, in denen du einen völlig neuen Entwicklungsstand in deinem Leben erreichst. In diesen Zeiten gräbst du vielleicht noch mehr von den dunklen Geschichten aus, die du früher schon längst loslassen wolltest. Wenn du dann den Mut hast, weiterzugehen und zu einer neuen Stufe hinaufzusteigen, wird eine noch tiefere Schicht deiner Themen an die Oberfläche kommen.

Beispiele für solche dunklen Bereiche sind: Geschichten vom Tod, Seifenopern, Rache- oder Märtyrergeschichten, Geschichten von Mangel, Wutanfällen, von Bösewichtern und Schattengestalten, tragische Geschichten, Kriegsgeschichten und so weiter. Deine dunklen Geschichten führen dich vom Leben fort in die Richtung des Todes.

Positive Geschichten führen dich zu Leben und Licht. Beispiele für positive Geschichten sind: Abenteuer, Komödien, Liebe, Glückseligkeit, ein schönes Leben, Fülle, Heldengestalten, Kreativität und der Himmel auf Erden.

Liebe

Wusstest du, dass dein Körper-Geist-System entworfen wurde, um grenzenlose, ekstatische, mystische Liebe zu erfahren?

Du verstehst die Liebe vielleicht noch sehr wenig. Möglicherweise erkennst du nicht, dass Liebe ganz real ist. Du denkst unter Umständen, dass Liebe ein Konzept ist, eine Idee, und du realisierst nicht, dass Liebe etwas ist, das du tatsächlich spüren kannst – ein konkreter, greifbarer, wundervoller, süßer, zärtlicher, tröstlicher, nährender und aufregender Stoff.

Vielleicht weißt du, dass du deine Eltern liebst, deine Familie und Freunde, aber du schmeckst diese Liebe nicht als eine tatsächlich fühlbare Erfahrung. Selbst wenn du bis ins Erwachsenenalter hinein nur durch die Fähigkeit, Liebe zu geben und zu empfangen, überleben konntest, weißt du wahrscheinlich nicht, dass dir noch höhere Erfahrungen von Liebe offen stehen. Du kannst dich wahrscheinlich nicht an die Liebe von Engeln erinnern oder daran, die Liebe Gottes unmittelbar gespürt zu haben. Wie sehr würde sich die Gesellschaft verändern, wenn es für die Menschen ganz normal würde, durch direkte Erfahrung zu wissen, dass Gott sie vollkommen liebenswert findet und ihnen in jedem Augenblick Liebe zuströmen lässt!

Wenn du dich in deiner persönlichen inneren Bewusstseinswelt geliebt und verbunden fühlst, entwickelst du das notwendige *Bonding*, die Verkabelung, um selbst Liebe erfahren zu können. Du lernst zu lieben, indem du geliebt wirst. Liebe ist das höchste Heilungsinstrument, das die Gnade verfügbar macht, um jeden Hunger zu stillen, und die Wunder ermöglicht, die Schmerz und Illusion durch Wirklichkeit ersetzen.

Wenn du die reale Existenz von Liebe entdeckst, wird das dein Leben auf dramatische Weise verändern. Es wird wie bei Dorothy sein, die aus der schwarz-weißen Welt von Kansas in die Welt von Oz in Technicolor tritt. Dir wird dann klar, dass die anderen Menschen in deiner Welt wertvolle Geschenke sind, weil jeder einzelne eine Stufe zum Himmel darstellt, eine Öffnung zu Liebe, Freude, Wonne und Einssein mit dem Unendlichen. Es wird dir offenbar, dass der Zweck des Lebens darin besteht zu lieben. Das ist es, wozu du als menschliches Wesen geschaffen worden bist.

Liebe ist dein Geburtsrecht und dein Lebenszweck. Wenn du Höhere Liebe erfährst, wird das so machtvoll und tief greifend sein, dass du Schwierigkeiten bekommst, in deinem Körper aufrecht zu stehen und sie gleichzeitig zu spüren. Du wirst stundenlang aus dem Bauch heraus über den kosmischen Witz lachen, dass in Wahrheit nur die Vollkommenheit von Liebe existiert.

Wusstest du, dass Liebe die letzte und höchste Antwort auf jedes Problem ist?

Liebe kann alle Verletzungen und Verluste heilen. Es

gab nicht so viele Menschen in unserer Geschichte, die mit ihrer Liebesfähigkeit die Lahmen laufen machen, den Blinden das Augenlicht geben und die Toten wieder zum Leben erwecken konnten. Aber es gab genügend von ihnen, um uns unser eigenes Heilpotential aufzuzeigen. Es liegt mit Sicherheit im Rahmen unserer Fähigkeit, uns gegenseitig vom schädigenden Glauben zu heilen, dass wir getrennt voneinander und ungeliebt seien.

Um heilen zu können, musst du zunächst die Bereitschaft entwickeln, ganz im gegenwärtigen Augenblick zu sein, ohne dich gegen irgendetwas zu verteidigen, was sich an emotionalem Erleben in deinem Herzen ergibt. Um die Erfahrung großer Liebe zu entdecken, musst du deine Einstellung aufgeben, dich vor jeder Emotion zu schützen. Emotionale Aufrichtigkeit ist zum spirituellen Wachstum absolut notwendig. Wenn du keine Angst vor den Tiefen menschlichen Fühlens hast, kannst du auch die Höhen von Ekstase erfahren.

Du wirst lernen, dass Emotionen keine so große Sache sind – es sind nur Emotionen. Sie können dich nicht verletzen. Wenn du sie spürst, werden sie vorübergehen. Kein Spüren zuzulassen und die Emotion stattdessen im Geist oder Körper wegzusperren: Das ist es, was dich verletzt.

Wusstest du, dass dein einziges Problem darin besteht, dass du nicht daran glaubst, liebenswert zu sein?

Alle Probleme und jede Negativität in deinem Leben werden wegfallen, wenn du erkennst, dass du vollkommen unschuldig und es absolut wert bist, geliebt zu werden. Wenn du das verstehst, brauchst du keine Schuld auf andere zu projizieren. Du wirst sehen, dass sie genauso Liebe verdienen wie du selbst.

Liebe für andere Menschen wird in dein Herz springen, und alle Konflikte zwischen euch werden verschwinden. Du wirst deinen Kampf mit Gott beenden, weil du die Wahrheit Seiner Liebe akzeptierst. Du wirst auf den Ruf nach Liebe in deiner Umwelt antworten und deinen Platz im Plan des Himmels annehmen.

Wusstest du, dass deine Fähigkeit, andere zu lieben unmittelbar mit deiner Fähigkeit verknüpft ist, dich selbst zu lieben?

Du behandelst andere so, wie du dich behandelst. Wenn du mit dir selbst zufrieden bist, behandelst du andere freundlich. Wenn du mit dir selbst haderst, wirst du die Menschen um dich herum verurteilen und angreifen. Du kannst einen anderen nur auf die Weise behandeln, wie du mit dir selbst umgehst. Wenn du dich nicht selbst schätzt, wirst du auch nicht den Wert anderer sehen. Du betrachtest die Welt so, wie du dich selbst siehst, und behandelst sie entsprechend.

Andererseits stimmt auch, dass du dich zuerst so behandelst, wie du anderen gegenübertrittst. Du lebst in einem holistischen, einem ganzheitlichen System, in dem deine inneren und deine äußeren Welten miteinander verbunden sind. Du kannst nicht irgendetwas in einer der Welten tun, ohne dass die anderen davon beeinflusst würden. Du kannst jedoch lernen, jedem in Liebe und Respekt zu begegnen, und bei dir selbst damit anfangen. Das ist wichtig, weil deine Fähigkeit zur Selbstliebe für deine spirituelle Evolution wesentlich ist.

Wusstest du, dass Liebe deine letzte und höchste Wirklichkeit ist?

Gott ist Liebe und hat dich als Liebe geschaffen. Liebe geht aus sich heraus, breitet sich aus, gibt und teilt mit anderen, was du bist. Liebe ist eine Entscheidung, die das Tor zur Glückseligkeit öffnet. Liebe öffnet dich für die Gnade des Himmels und setzt einen anwachsenden Kreislauf des Gebens und Empfangens in Gang. Liebe verbindet dich mit anderen, sie bringt Nähe und Erfolg auf unbeschwerte Weise mit sich. Sie gibt deinem Leben Sinn, und sie folgt dem Prinzip der Umkehr – indem sie genau das, was sie gibt, auch wieder empfängt.

Liebe bewirkt Harmonie und lässt dich in Frieden leben. Sie ist der höchste und wirksamste Heiler, weil sie nach und nach alle Schichten von Schmerz und Fehlern beseitigt. Liebe bringt dich in deinem Leben nach vorn, damit du dich sowohl emotional als auch spirituell entwickelst. Sie erlaubt dir, mehr zu spüren und tiefer zu blicken – über jedes Problem hinaus zu dessen Lösung. Liebe macht dich heil und bringt dir Freude.

Wenn du nicht die Chance hättest, dich für Liebe zu entscheiden, um so eine Situation zum Besseren zu wenden, würdest du dich schnell verloren fühlen und nicht erkennen, dass sich das ganze Leben darum dreht, Liebe zu lernen. Liebe verbindet dich mit dem Licht und macht dich frei, während deine Bindung an Licht und Liebe wächst. Liebe entwickelt dich zurück zur Verwirklichung deiner selbst als Liebe, mit all ihrem Erbe.

Wusstest du, dass es keine Liebe ist, wenn es verletzt?

Schmerz ist niemals ein Zeichen von Liebe, es ist ein Zeichen von Bedürfnis.

Wenn du bedürftig bist, nimmst du von anderen, obwohl du gar nicht wirklich empfangen kannst. Das führt zu Frustration, Enttäuschung und einem gebrochenen Herzen. Die Menschen mögen es nicht, wenn du von ihnen nimmst, also ziehen sie sich von dir zurück. Bedürftigkeit ist unattraktiv und abstoßend.

Dein Ego verwechselt dein Bedürfnis, dich als etwas Besonderes zu fühlen, mit Liebe. Jedes Mal, wenn du spürst, dass du nicht genügend beachtet worden und nicht ausreichend gut behandelt worden bist, fühlst du dich beleidigt und verletzt. Dein Schmerz entsteht aufgrund von Widerstand, und dessen Gegenstand bleibt hartnäckig bestehen.

Wenn du wirklich Liebe für jemanden empfindest und er beziehungsweise sie sich nicht so verhält, wie du es erwartest, antwortest du mit Verständnis und Mitgefühl. Du schaust nach dem Grund, warum der Partner nicht sein Bestes geben konnte. Du gibst ihm von einer neuen, höheren Ebene aus. Liebe weiß, dass Menschen sich nicht immer in ihrem Zentrum befinden, und sie bemüht sich, ihnen zu helfen.

Wenn du dich verletzt fühlst, ist das ein sicheres Anzeichen dafür, dass du einen Fehler gemacht hast und irgendetwas korrigieren und heilen musst. Ob du dir dessen bewusst bist oder nicht: Du versuchst, deinen Schmerz als einen emotionalen Hebel zu gebrauchen. Wenn du deine Verletzung benutzt, um jemanden zu kontrollieren, magst du diese Schlacht zwar gewinnen, aber nur, um den Krieg zu verlieren. Wenn du mit deinem Beharren auf Schuld nur Unmut und Ablehnung erntest, wird dich auch der geliebte Mensch verlassen.

Loslassen

Wusstest du, dass es im Kern eines jeden Problems eine Verstrickung, ein Anhaften gibt, das geheilt werden kann, wenn du loslässt?

Alle Schmerzen und Probleme kommen aus versteckten oder sogar sichtbaren Verstrickungen und Ich-Verhaftungen. Wenn du an etwas festhältst, meinst du, dass das deine bislang noch nicht erfüllten Bedürfnisse stillen kann. Festhalten wird dir jedoch nie das bringen, was du dir wünschst. Nur wenn du all deine Verhaftungen loslässt, kannst du dich dafür öffnen, das, was du wirklich brauchst, zu erhalten.

Loslassen hilft dir bei der Erkenntnis, dass dich nichts Äußeres glücklich machen kann. Nur wenn du etwas nicht brauchst, kannst du es haben.

Loslassen ist eine der einfachsten Formen von Heilung, wenn du dich einmal dazu entschlossen hast, dich dem hinzugeben. Du brauchst einfach nur aufhören festzuhalten. Dieser Prozess bringt dein Leben wieder in den Fluss und entlässt dich aus den Fesseln, die dich zurückgehalten haben.

Festhalten spiegelt deine Angst vor dem Leben und davor, den nächsten Schritt zu tun. Es führt zu Depression, die übrigens von der Weltgesundheitsorganisation als das Gesundheitsproblem Nummer eins in der Welt bezeichnet wird. Loslassen befreit dich davon, an allen möglichen falschen Orten nach Liebe zu suchen. Es befreit dich aus dem Gefängnis, in dem du feststeckst, und taucht dich wieder ein in den Fluss des Lebens und ins Vertrauen.

Machtkampf

Wusstest du, dass jeder Machtkampf eine alte Wunde verhüllt?

Wenn du dich mit jemandem in einem Machtkampf befindest, spiegelt das einen Konflikt oder eine Spaltung in deinem Geist. Der andere Mensch spielt im Äußeren die Rolle jener Seite deines inneren Kampfes, mit der du dich nicht identifizierst. Das alles ist Teil eines Musters, das meist schon in deiner Kindheit begann. Das Ausmaß des Kampfes zeigt die Größe deiner Verwundung. Jeder Machtkampf stellt ein Bemühen dar, deine Angst davor zu verstecken, vorwärts zu gehen, Erfolg zu erfahren und Nähe zu spüren.

Wenn du die Wurzel deines Ärgers oder Durcheinanders finden möchtest, kannst du deine Intuition benutzen und dich selbst befragen, wann das begann, mit wem es zusammenhängt und was damals geschah. Führt dich deine Intuition dann zu Ereignissen zurück, die passierten, als du neun Jahre oder älter warst, dann fing das Problem wahrscheinlich sogar noch früher an. Gehe in diesem Fall zurück, und bitte dein Höheres Bewusstsein um Hilfe. Dann frage dich erneut, wann all das begann.

Eine andere Methode, einem Problem bis zu seinen Wurzeln nachzuspüren, ist, sich auf die Gefühle einzulassen, die du jetzt erlebst, und zu fragen, wann dir etwas Ähnliches geschehen ist, wann also eine Zeit war, in der du ähnliche Gefühle gehabt hast. Wenn eine Auseinandersetzung wirklich groß ist und aus einer sehr tiefen Verwundung in deiner Kindheit stammt, kann sie eine Seelenwunde spiegeln oder etwas, das tief in deinem Unbewussten wurzelt.

Es gibt einen einfachen Weg, das zu heilen, wenn du dazu bereit bist. Bitte dein Höheres Bewusstsein, alle Konflikte in deinem Alltagsbewusstsein, in deinem Unterbewusstsein und im Unbewussten zu integrieren, die diesen Machtkampf verursacht haben, damit du auf eine neue Ebene von Frieden gebracht werden kannst.

Mangel

Wusstest du, dass du selbst die Tür vor dem verschlossen hast, was dir heute in deinem Leben fehlt?

Du verschließt die Tür zu Liebe, Geld, Sex, Erfolg, Lebensfreude und Freizeitentspannung, weil du Emotionen in dir trägst, die du nicht spüren möchtest. Wut, Angst, Schuld, Scham, ein gebrochenes Herz, Rache und Verlust sind die Hauptgründe dafür.

Um einen Mangel zu heilen, kannst du einfach deine Intuition befragen, wann du die entsprechende Tür geschlossen hast und welches Gefühl dich damals veranlasst hat, dies zu tun. Eine Alternative wäre, dich auf das Thema einzustimmen und dich zu fragen, wann du dich dazu getrieben sahst. Die Antwort kann in einem Augenblick der Stille zu dir kommen.

Das Gute daran ist, dass, da du die Tür geschlossen hast, auch du sie wieder öffnen kannst. Und was sollte dich daran hindern, das jetzt zu tun?

Manifestieren

Wusstest du, dass Manifestieren alles bewirken kann, was du möchtest, wenn keine allzu großen Konflikte den Weg blockieren?

Manifestieren ist eine Kraft des Geistes, die verwandt ist mit Entscheidung, Gebet und Glauben. Es ist ein gleichzeitiges, bewusstes Visualisieren, Fühlen, Spüren und Hören von dem, was du geschehen lassen möchtest. Dies geschieht auf eine so lebendige Weise, dass es sich etwas später tatsächlich in deiner Welt ereignet.

Manifestieren vermag deine verborgene Angst davor aufzulösen, dass du bekommst, was du möchtest. Und es hält die Gabe bereit, dein gespaltenes Bewusstsein, das bislang viele verschiedene und gegensätzliche Ziele verfolgt hat, zu sammeln und neu auszurichten. Wenn du dich auf das orientiert, was du möchtest, ist es so, als ob du einen Bestellzettel aus dem Universum ausfüllst. Das Maß, in dem du vertraust und an die Möglichkeit glaubst, das Ausgewählte auch zu empfangen, der Grad, in dem du wirklich ersehnst, wonach du verlangst, und es in lebendigen Einzelheiten durch deine Sinne erfährst – das ist das Maß, in dem es manifestiert wird.

Wenn du erkennst, dass das, was du jetzt hast, bereits das ist, was du zuvor (vielleicht unbewusst) manifestiert hast, dann kannst du sehen, dass dein Leben ganz genauso ist, wie du es dir ausgesucht hast. Du kannst dich also bewusst dafür entscheiden, in einer positiven Richtung das zu manifestieren, was du möchtest. Wenn du manifestierst, kannst du dich für persönliche und spirituelle Integrität entscheiden, indem du deinem Höheren Bewusstsein die Führung übergibst. Es weiß, was dich wirklich glücklich machen wird, und es wird nichts von anderen wegnehmen, während es für dich die wahre Fülle bereitstellt.

Meisterschaft

Wusstest du, dass es nichts mehr zu tun gibt, wenn du das Stadium der Meisterschaft erreicht hast?

Meisterschaft ist der weglose Weg des Seins im Augenblick. Es ist der stille Geist, der offen ist für Inspiration und für die Freude, die aus der Beziehung und Verbundenheit mit allem, was um dich und in dir ist, entspringt.

In der Meisterschaft ist dein Geist leer, er ist wach und empfänglich für das Hier und Jetzt von Glückseligkeit. Es gibt keinen Ort, an den man gehen muss, und es gibt nichts zu tun. Wenn du etwas tun musst, wirst du geführt und angeleitet, es zu tun. Und da dein Geist so ruhig ist, gibt es keinerlei Geschnatter deines Ego, das verhindert, dass du die Führung hörst und auf sie eingehst. Das erlaubt dir, absolut erfolgreich zu sein, ohne die Ablenkungen und verborgenen Motive des Ego.

Meisterschaft schafft einen Kanal von Gnade, der wieder eine Brücke schlägt von dieser Welt zur Einheit. In Meisterschaft wirst du ein lebender Schatz, ein Kind voller Spielfreude, ein Kind Gottes. Indem du dich selbst vollkommen wertschätzt, wertschätzt du auch die gesamte Schöpfung in vollkommener Weise.

Missbrauch

Wusstest du, dass es wichtig ist, keinem zu gestatten, dich auszunutzen oder zu missbrauchen – nicht nur zu deinem eigenen Schutz, sondern auch im Interesse des anderen?

Wenn du zulässt, dass du ausgenutzt oder missbraucht wirst, heißt das, dass du dir keinen Respekt schenkst und dich regelrecht selbst attackierst. Dabei versuchst du, deine eigene alte, missverstandene Schuld zurückzuzahlen. Wenn du jemandem gestattest, dich auszunutzen, wird sich dieser Mensch schuldig fühlen und sich später selbst verachten und bestrafen. Jemandem zu erlauben, dich zu übergehen, schadet euch beiden. Je mehr Schuld sich jemand auflädt, desto wütender wird er, und umso aggressiver verhält er sich in dem Versuch, sich gegen die eigenen Schuldgefühle zu verteidigen. Je zorniger ein Mensch wird, desto mehr Schuld schafft er. Daraus entsteht ein Teufelskreis von Missbrauch und Ausnutzung.

Du musst die Achtung, die du verdienst, einfordern (so bewusst, wie du dir selbst und anderen Respekt erweist). Du solltest deine Grenzen abstecken, um damit anderen zu helfen, dich auf die richtige Weise zu behandeln. Nur dann kann der Kreislauf von Aggression, Schuld und erneuter Aggression durchbrochen werden.

Nehmen

Wusstest du, dass du immer nur noch bedürftiger wirst, wenn du nimmst?

Wenn du nimmst, geschieht das, weil du nicht wirklich glaubst, dass du verdienst zu empfangen. Du nimmst, um deinen mangelnden Selbstwert zu kompensieren. Nehmen ist eine Strategie deines Ego, das das Recht beansprucht, sich selbst das zu nehmen, was andere haben, wenn sie dir nicht von sich aus das geben, was du haben willst. Und doch vertieft Nehmen nur deine Gefühle der Leere und Bedürftigkeit und stachelt dich an, noch mehr zu nehmen. Dieser Teufelskreis stößt die Menschen in deiner Umgebung ab und führt unter Umständen zu einer Charakterstörung oder zu kriminellem Verhalten. Je mehr du nimmst, desto dringlicher wird deine Bedürftigkeit, und desto eher wirst du in Versuchung geführt, Verzweiflungstaten für die Erfüllung deiner Bedürftigkeit zu begehen.

Nehmen bildet die Grundlage zum Spiel von Gewinn oder Verlust, und wenn du mitspielst, wirst du ab und zu verlieren müssen, um das Spiel in Gang zu halten. Nehmen ist eine Strategie, die einfach nicht funktioniert. Sie führt zu Zurückweisung, Machtkampf und zu gebrochenen Herzen. Und sie verstärkt die Gefühle von Leere und Wertlosigkeit, auf denen sie aufbaut.

Paradoxerweise wird nur Geben deine Bedürfnisse erfüllen, weil es dich dafür öffnet, das zu empfangen, was du anderen gibst. Nur Geben stärkt dein Selbstwertgefühl und deine Gewissheit, angemessen zu empfangen. Allein das Geben kann eine Situation schaffen, in der es nur Gewinner gibt und in der Raum für Partnerschaft entsteht.

Der Ödipuskomplex

Wusstest du, dass die meisten deiner Beziehungs- und Erfolgsprobleme ihre Wurzeln im Ödipuskomplex haben?

Der Ödipuskomplex ist eine Verschwörung gegen deine Lebensaufgabe und gegen deine Fähigkeit, mit anderen in Beziehung zu sein. Er wird durch einen über Generationen weitergegebenen Mangel an Verbundenheit in Familien ausgelöst. Er beruht auf einer Fixierung auf den Mangel, und er ist vor deinem Alltagsbewusstsein verborgen. Er fördert die Konkurrenz um Liebe und Aufmerksamkeit und die Übertreibung oder Unterdrückung von Sexualität.

Wenn die Verbundenheit verloren geht, fällt die Sexualität aus dem Gleichgewicht. Wenn sich Trennung ereignet, werden Sex und Bedürftigkeit übertrieben. Das kann Tabus auslösen, zu Unterdrückung führen, zu Phantasien oder zu unangemessenem Sexualverhalten. In jedem dieser Fälle ist die natürliche Folge eine Zügellosigkeit in Schuld und Furcht.

Wie im Mythos von Ödipus führt das Gefühl von Getrenntheit zur fälschlichen Auffassung, die Gaben der Eltern gestohlen und sie getötet zu haben. All das führt zu verzerrten Sex- und Beziehungsmustern, die Angst vor Intimität und Erfolg nach sich ziehen. Dies alles kann durch Bewusstheit geheilt werden, durch Verständnis, Liebe, *Bonding*, *Joining*, Offenheit, Selbstverpflichtung oder Vergebung.

Der Ödipuskomplex ist in vielen Schichten deines Geistes vergraben. Selbst wenn du dich einige Male mit ihm beschäftigt hast, wirst du doch immer wieder anderen Aspekten seines Wirkens gegenübertreten müssen. Die Haupteigenschaft, die von diesem Komplex herrührt, ist Leblosigkeit – es kommt zu einem Rückzug aus dem Leben, von deiner Arbeit oder von deinem Partner. Dieser sich tot anfühlende Zustand ist ein Versuch, den schlimmen, jedoch unberechtigten Gefühlen von Schuld zu entrinnen, jenen Eigenangriffen, die aus sexuellen oder gewalttätigen Phantasien herrühren oder auch aus dem tatsächlichen Ausleben solcher Gedanken. Das kann sogar dazu führen, dass du dich von allen Beziehungen fern hältst und die Furcht verschlimmerst voranzugehen; dies ist Teil einer jeden Verschwörung. Du musst über diese Leblosigkeit hinausgehen, sie transzendieren, wo immer sie auftaucht.

Eine gegenwärtige Dreiecksbeziehung ist ein Ödipuskomplex aus deiner Kindheit, der jetzt wieder gelebt wird. Viele Menschen halten sich von allen Beziehungen fern aufgrund ihrer unterbewussten Angst, dass sie sich ödipalen Gefühlen stellen müssen. Andere sind in intensiven Machtkämpfen gefangen und stoßen ihre Partner weg, um sich diese Gefühle nicht ansehen zu müssen.

Du kannst den Ödipuskomplex Schritt für Schritt

überwinden durch Wachheit, bewusste Kommunikation und die Bereitschaft, sich mit einem Partner zu verbinden, dich deinem Partner und dem Leben ganz hinzugeben.

Wusstest du, dass dein Ödipuskomplex weit zurück reicht, bis zu deiner Beziehung zu Gott?

Der Ödipuskomplex hat seine Wurzeln tief in deinem Unbewussten, in deinem Irrglauben, dass Gott dich aus dem Himmel geworfen und aus der Erfahrung von Einheit herausgedrängt hat. Wenn dies so wäre, müsste die Grundlage des Seins verändert werden, Gott wäre moralisierend und kaum als vollkommen anzusehen. Das ist eine Projektion monumentalen Ausmaßes, weil die Entscheidung, die Einheit zu verlassen, nur von dir selbst getroffen werden konnte. Und in Wahrheit – wenn man sich das Wesen von Einheit vergegenwärtigt – kann es nur ein Traum sein, dass du sie verlassen hättest.

Du hast den Himmel verlassen, um mit deiner fehlgeleiteten Schöpferkraft deine eigene Welt zu gründen – und jetzt schiebst du alles auf Gott. Du fühlst dich berechtigt, Ihm gegenüber negativ eingestellt zu sein, Ihm vorzuwerfen, Er hätte aus dieser Welt einen solchen Schlamassel gemacht. Du meinst, du hättest es viel besser gekonnt. Eigentlich solltest du Gott sein! Und dann, wie in allen Fällen von Trennung, hast du geglaubt, du hättest Gott getötet und Seine Gaben gestohlen. Aus deinem Schuldgefühl heraus wurde Er ein Feind, den du meiden musst.

Dieser unbewusste Glaube steckt tief in dir, während an der Oberfläche zwei andere Einstellungen miteinander konkurrieren. Die erste ist, das Gott nicht existiert und du dir deshalb selbst überlassen bist. Die zweite ist, dass Gott Opfer von dir verlangt und fordert, dass du ein Märtyrer bist.

Wenn du nicht möchtest, dass deine eigenen Kinder Märtyrer werden, warum sollte Gott, die Höchste Kraft der Liebe im Universum, wollen, dass du dich opferst? (Er wäre dann in eine psychologische Falle getappt, die einem Mangel an Verbundenheit entspringt.) Man könnte sagen, dass Christus das letzte notwendige Opfer vollbracht hat, um dich ewiglich von Aufopferung zu befreien. Er hat ein dramatisches Beispiel der Liebe und Vergebung gegeben, die sein Weg waren.

Die Schuld, die du als Folge des Ödipuskomplexes spürst, bewirkt, dass du deine wahre Beziehung zu Gott immer wieder vergisst. Er/Sie ist dein Freund und deine liebevollen Eltern, und du bist das unschuldige Kind Gottes.

Opferrolle

Wusstest du, dass du jemanden anderen angreifst, indem du dich zum Opfer machst?

Jeder ist schon zum Opfer gemacht worden, und jedes Opfer verdient so viel Liebe und Mitgefühl, wie du nur geben kannst. Und doch hast du, wenn du ein Opfer bist, immer die unbewusste Absicht von Aggression und Rache.

Eine Art, andere zu attackieren, ist, sich selbst verletzen zu lassen. Wenn du dieses Prinzip ganz verstehen würdest, würde dir das eine Menge an Leid und Dramatik im Leben ersparen. Du könntest mit deiner Wut auf wirkungsvollere Weise umgehen, anstatt sie zu unterdrücken und sie durch die Übernahme von Opferrollen dann doch auszuleben. Jedes Mal, wenn du gespürt hast, dass dir das Herz gebrochen oder du gequält wurdest, hast du dich in einem Kampf befunden, und du hast mit schmutzigen Tricks gekämpft. Du hast drastische, gut versteckte Mittel als eine Form emotionaler Erpressung genutzt.

Wenn du dieses Prinzip missverstehst, wirst du am Ende noch dir die Schuld geben, anstatt dem Verursacher deiner Leiden. Dein Ego würde es vorziehen, den anderen Menschen schuldig zu sprechen, es ist jedoch auch bereit, sich mit dir zufrieden zu geben – solange es irgendeinen Schuldigen findet.

Du bist dir vielleicht bewusst, dass du dich immer schuldig gefühlt hast, nachdem du zum Opfer gemacht worden bist. Das Interessante daran ist, dass es schon Schuld gab, bevor die Quälerei begann. Du hast die Opferrolle kreiert in dem Versuch, diese Schuld abzuzahlen. Wie die meisten Strategien deines Ego funktioniert auch diese nicht, weil deine Schuld in Wirklichkeit jedes Mal, wenn du dich zum Opfer machen lässt, noch anwächst.

Immer, wenn du zum Opfer wirst, sind eine Reihe von Prinzipien am Werk. Du solltest lernen, dass die Opferrolle ein Entschluss zum Angriff ist, während du unschuldig erscheinst. Dann hättest du eine ausgezeichnete Chance, dein Ego einzufangen, bevor es dir und anderen noch mehr Schmerz verursachen könnte. Du hättest dann effektivere und angemessenere Methoden, das mitzuteilen, was für dich nicht stimmig ist.

Persönlichkeiten

Wusstest du, dass du Tausende von Persönlichkeiten in dir hast? Jeder dieser Ich-Aspekte besitzt seine eigene Auffassung von Glück, und alle kämpfen darum, ihren Willen durchzusetzen.

Persönlichkeiten, die jeder beliebigen Erfahrung von Trauma oder Verlust der Verbundenheit entspringen können, sind so eng mit dir verknüpft, dass du denkst, dass sie du sind. Sie sind Stimmen in deinem Kopf, jede folgt ihrem eigenen logischen Muster, und jede hat ihre eigene Art, glücklich zu werden. Diese Konzepte des Ichs bilden dein Ego, und alle greifen dich irgendwie an und quälen dich. Da jedes dieser Konzepte im Verlauf einer Trennung entstand, versuchen sie, dich von anderen getrennt zu halten. Sie lenken dich davon ab, die Hilferufe um dich herum zu hören, und sie halten dich mit dir selbst beschäftigt.

Die wichtigsten Kategorien dieser Persönlichkeiten sind Ich-Verwöhnung, Aufopferung, Rebellentum und Opferhaltung, zudem gibt es zahlreiche Kombinationen davon. Sie stoppen den Energiefluss und verbergen deine Gaben. Sie halten dich von Führungsverantwortung und Einfühlung fern. Sie machen dich schüchtern und furchtsam im Umgang mit Erfolg, damit du dich nicht mit dem Neid anderer auseinander setzen musst. Deine Persönlichkeiten machen dich einsam, auch in einer Menschenmenge.

Probleme

Wusstest du, dass jedes Problem ein Versuch ist, Glück zu erlangen?

Alles, was du in Wahrheit möchtest, ist Glückseligkeit. Aber in deinem Leben sind viele Dinge passiert, die dich unglücklich machen. Das ist so, weil du in deinem Unterbewusstsein viele Ich-Konzepte trägst, die dich glauben machen, dass etwas anderes als Liebe dir Glück bringen kann. Dies sind Strategien des Ego, die darauf abzielen, etwas aktiv zu erreichen, zum Beispiel Rache für eine alte Verletzung. Vielleicht kannst du Rache nehmen, aber Rache wird dich niemals glücklich machen. Nur, wenn der alte Schmerz geheilt wird, kannst du glücklich sein.

Deine Probleme enthalten alle eine Art falscher Vorstellung davon, was dich glücklich machen kann. Diese Vorstellungen sind unangemessene und unwirksame Methoden, deine Angst zu beherrschen oder deine Schuld abzuzahlen. Bestenfalls bieten sie einen Notbehelf. Sie streben nach Rache, sie suchen Unabhängigkeit und Aufopferung als Antwort auf Probleme. Sie enthüllen jedoch nicht, dass die Probleme Teil eines fehlgeleiteten Plans sind und deshalb gar keine Aussicht auf Erfolg haben.

Dein Ego kann ein Problem nach dem anderen produzieren, und alle führen sie in die falsche Richtung. Dein Ego schlägt oft ein Problem als Lösung für ein anderes vor. Aus dem Gefühl von Bedürftigkeit heraus kann es zum Beispiel eine Krankheitsstrategie aushecken als einen Versuch, Liebe und Zuwendung zu erlangen.

Probleme bieten dir Entschuldigungen, dich selbst nicht hinzugeben, nicht du selbst zu sein, keine Lebensfreude zu haben, nicht auf die Hilferufe um dich herum einzugehen, deine Großartigkeit nicht zu leben und deinen Lebenszweck nicht zu erfüllen. Probleme erlauben dir, deine Aufmerksamkeit nach außen zu richten, anstatt dich dorthin zu wenden, wo das Problem wirklich ist: in deinem gespaltenen Bewusstsein. Je mehr du auf dein Ego hörst, desto schlimmer wird der Konflikt rund um das Problem werden.

Auf der anderen Seite hat dein Höheres Bewusstsein Antworten auf alle Probleme. Es wird dir den Weg und die Mittel aufzeigen, wie du Glück erfahren kannst. Es wird deine Heilung und Evolution beschleunigen und die Entwicklung deiner Fähigkeit, Liebe zu spüren. Es wird dir zeigen, wie du anderen helfen kannst, während du dir selbst hilfst.

Projektion

Wusstest du, dass alles, was du siehst, du selbst bist?

Projektion ist eine Basisfunktion deines Bewusstseins, die reflektiert und offenbart, was unter der Oberfläche deiner Bewusstheit los ist. Wenn du sie verstehst, hast du eine praktische und überaus wirksame Heilmethode in der Hand.

Du beurteilst dich selbst auf vielerlei Weise, und weil du manche Dinge fürchtest, tust du dein Bestes, um diese Urteile vor deinem Alltagsbewusstsein zu verstecken. Du unterdrückst diese Aspekte deiner selbst, und du spaltest sie vom Rest deines Bewusstseins ab. Dann versuchst du, dich von ihnen noch mehr zu distanzieren, indem du sie in die Umwelt projizierst. Auf diese Weise bevölkerst du deine Welt mit deinen Glaubenssätzen über dich selbst.

Sogar die positiven Eigenschaften, von denen du glaubst, sie nicht zu besitzen, für die du aber andere beneidest, sind in Wahrheit deine eigenen Gaben. Doch du hast Angst, sie für dich zu beanspruchen. Deshalb hast du sie unterdrückt und auf andere projiziert. Nun suchst du paradoxerweise im Außen diese Eigenschaften, die von dir verleugnet in dir schlummern.

Wenn du deine Projektionen mit Vergebung, Akzeptanz, Integration oder Vertrauen zurückziehst, gewinnst du die im Spaltungsprozess verlorene Energie wieder zurück. Du erlangst dabei eine Art Schutzimpfung gegen künftige Negativität, und deine positiven Gaben können wieder sprießen.

Deine Lebensaufgabe ist, der Welt zu vergeben, damit sie dir gütig gestimmt sein kann. Wenn du Projektionen erkennst und heilst, ist das ein machtvolles Instrument zur Transformation, das dir und deiner Umwelt nutzen kann.

Wusstest du, dass deine Anklagen gegen einen anderen etwas darüber aussagen, was du selbst tust, aber vor dir verheimlichst?

Deine Anklagen oder Urteile offenbaren deine Ich-Vorstellungen. Du projizierst deine Glaubenssätze über dich selbst nach außen und greifst dann andere Menschen an, wenn sie sich auf entsprechende Weise verhalten. Es ist Kompensation, wenn du deinen Anteil noch immer nicht im Verhalten des anderen, den du verurteilst, erkennen kannst. Du handelst auf entgegengesetzte Weise, um die nach außen hin abgelehnte Eigenschaft zu verbergen.

Erst deine Bereitschaft, versteckte Selbstangriffe, Verweigerung, Spaltung und Anklagen, die dich von diesem Menschen trennen, aufzugeben, wird es dir möglich machen, vorwärts zu gehen, ihm zu helfen und ihn zu unterstützen.

Rache

Wusstest du, dass du dich jedes Mal an Gott und an dir nahe stehenden Menschen rächst, wenn du dich zum Opfer machen lässt?

Rache ist ein direkter oder indirekter Angriff auf andere, bei dem du dich verletzen lässt. Wenn du dich verletzt fühlst, startest du eine unbewusste Attacke auf andere im Versuch, sie sich schuldig fühlen zu lassen. Das ist die nachdrücklichste Form eines Kampfes.

Das Verlangen nach Rache entsteht aus den unerlösten Wunden deines gebrochenen Herzens. Jede Verletzung, die du nicht geheilt hast, führt zu Rache, zu Kämpfen und Ich-krieg-dich-schon-Spielen, die alle nur zu weiteren Wunden führen. Rache ist eine Verteidigung, die alte Verletzungen auf eine Weise zu lindern versucht, die nicht funktionieren kann. Sie setzt nur einen Kreislauf von Verletzung, Rache und erneuter Verletzung in Bewegung.

Rache ist ein Aspekt des Machtkampfes. Sie stellt eine Beschwerde darüber dar, dass deine Bedürfnisse nicht erfüllt werden. Du strebst nach Rache, anstatt die Verantwortung zu übernehmen, Missverständnisse zu klären und die Wandlungen herbeizuführen, die dich zu größerem Erfolg führen würden.

Jede Form von Opfererfahrung, die du jetzt erlebst,

weist auf ein früheres Missverständnis und eine frühere Opfererfahrung in deinem Leben hin, von der du dich noch nicht erholt hast. Das Maß, in dem du ein Leben der Rache führst, entspricht dem Maß, in dem du auch zukünftig verletzlich und auf Rache sinnend sein wirst.

Alle die Wunden in deinem Herzen und jede Art von Rache sind Versuche, andere zu beherrschen, damit deine Bedürfnisse erfüllt werden. Stattdessen könntest du die Lektionen lernen, die dich glücklich machen würden.

Regeln

Wusstest du, dass Regeln genau das hervorbringen, was sie verhindern sollen?

Du hast sicher schon einmal den Spruch gehört: »Regeln sind dazu gemacht worden, um übertreten zu werden.« Regeln sind Abwehrsysteme, und wie alle Verteidigungen bestärken sie das, was unter ihnen begraben ist – ja, sie lenken die Aufmerksamkeit überhaupt erst darauf. Regeln betteln förmlich darum, gebrochen zu werden.

Du stellst für dich und andere Regeln auf, wenn du leidest. Die Regeln sollen verhüten, dass sich ein solches Leiden erneut ereignet. Unglücklicherweise führen sie, wie jede Abwehrmaßnahme, genau zu dem, was sie eigentlich verhindern sollen. Regeln verführen jeden dazu, sie zu brechen, denn immer, wenn dir gesagt wird, dass du dies oder jenes nicht tun sollst, wird genau das Gegenteil in Erinnerung gerufen und verstärkt.

Immer, wenn du dir aufträgst, etwas zu tun, lädst du dir Druck und Stress auf. Ein Teil von dir ist bereit, es zu tun, ein anderer lehnt es ab, weil eine Forderung gestellt wird.

Um das zu vermeiden, kann man Regeln in Prinzipien umwandeln. Prinzipien rufen keinen Autoritätskonflikt hervor. Prinzipien sind nicht in Beton gegossen; es sind Mittel für den Dialog. Prinzipien weisen auf die Wahrheit hin und bleiben dabei jedoch empfänglich und beweglich.

Rollen

Wusstest du, dass unser ständiges Rollenspiel die wesentliche Ursache für Burnout ist?

Rollen sind Kompensationen für Schuld, Versagensgefühle und den Schmerz, der aus der verloren gegangenen Verbundenheit stammt. Rollen scheinen sich deinem Charakter bereits im Kindesalter aufzuprägen. Wenn du älter wirst, verfestigen sie sich wie Rüstungen oder Panzer, die dich zu schützen scheinen, dich in Wirklichkeit aber ermüden. Rollen verhindern das Empfangen, denn wenn du als ein Rollenträger gibst, bekommst du für deinen Einsatz nichts zurück. Es gibt keine natürliche Belohnung für dein Geben, weil du aufgrund der jeweiligen Rolle glaubst, entsprechend geben zu müssen.

Rollen veranlassen dich, etwas nach Rezept zu tun, anstatt von dir selbst aus und dich selbst zu geben. Wenn du anderen aus deinem Rollenverhalten heraus gibst, ist das nicht authentisch und ergibt keine echte Verbindung. T. S. Eliot beschreibt das sehr gut, wenn er vom »Geben, das das Verlangen hungern lässt« spricht.

Du nimmst Rollen an, um zu beweisen, dass du nicht schlecht bist, und um den Schmerz über einen ursprünglichen Verlust zu verdecken, an dem du dich schuldig fühlst. Sogar die Rollen des Sündenbocks oder des schwarzen Schafes versuchen, anderen zu helfen und sie von ihren schlechten Eigenschaften zu befreien, indem ein anderer sie übernimmt und selbst ausagiert.

Hinter jeder Rolle steckt dein Urteil über irgendjemanden in deiner Familie. Du glaubst, dass diese Person etwas falsch gemacht hat, was jedoch nur deine Schuldgefühle überdeckt – denn du meinst, dabei versagt zu haben, deine Familie auf irgendeine Weise zu retten.

Die meisten Rollen sehen von außen gut aus. Sie halten allerdings einen hohen Grad an Getrenntheit zwischen dir und den anderen aufrecht. Diese Trennung erzeugt Gefühle der Leblosigkeit und eine versteckte Konkurrenz, die wiederum eine Angst vor Erfolg und Nähe verbirgt. Je mehr Rollen du spielst, desto lebloser und erschöpfter wirst du dich fühlen.

Sabotage

Wusstest du, dass nur die Dinge zerbrechen, die du sabotiert hast?

Immer, wenn Dinge zerfallen oder kaputtgehen – besonders dann, wenn du gerade dabei bist, einen nächsten Schritt in Richtung Erfolg zu machen –, ist das Eigensabotage. Du sabotierst deinen größeren Erfolg nur, weil du schon so stark in einer Opferhaltung steckst und glaubst, Erfolg würde noch mehr Opfer bedeuten. Schon der Gedanke an noch mehr Erfolg beziehungsweise Opfer scheint dich zu überwältigen. Der Schlüssel liegt jetzt natürlich darin, dich von der Opferhaltung zu lösen, die ein altes, ererbtes Muster darstellt, das du angewandt hast, um Nähe, echten Erfolg und Ebenbürtigkeit zu verhindern.

Dieses Muster ist auch ein sicheres Zeichen dafür, dass du deinem Lebenssinn aus dem Weg gehst, denn der scheint noch überwältigender zu sein. Die gute Nachricht ist: Da du derjenige warst, der die Dinge sabotiert hat, kannst auch du sie wieder ändern. Du kannst damit anfangen, dich zu entscheiden, das zu tun, was wirklich notwendig ist, anstatt das, was du glaubst, tun zu müssen. (Ein solches Verhalten weist auf Rollen hin, die dich unfähig machen zu empfangen und dich zum Burnout führen.) Verpflichte dich der Aufgabe, die vor dir steht, und verpflichte dich zu Ebenbürtigkeit. Dann hör auf zu versuchen, alles allein zu machen und alles auf deinen Schultern zu tragen. Höhere Erfolgsebenen erreicht man durch Partnerschaft und Teamwork mit den Menschen der Umgebung und mit dem Himmel.

Das schamanische Bewusstsein

Wusstest du, dass du ein schamanisches Bewusstsein hast, über das du in die Bereiche kraftvoller Magie eintreten und die Naturgesetze transzendieren kannst?

Dein schamanisches Bewusstsein ist eigentlich ein ursprüngliches Bewusstsein, das unbewusst geworden ist. Du bist ein Erbe dieses Bewusstseins, und in dem Maße, in dem du dich zur Bewusstheit deiner selbst als Seele zurückentwickelst, wirst du seine Qualitäten wieder wahrnehmen.

Das schamanische Bewusstsein besitzt psychische und mediale Gaben, und es benutzt seine Kräfte zuweilen, um die Naturgesetze aufzuheben. Es ist magisch, hat aber nicht die Eigenschaften des *spirits*, der von der Kraft Gottes abhängt und deshalb eine kontinuierliche Größe darstellt.

Jeder Mensch besitzt in irgendeiner Form mediale Fähigkeiten. Solche Gaben können nicht nur im Dienst für andere genutzt werden, sondern auch für dich selbst sehr hilfreich sein. Es hängt alles davon ab, ob dein Ego oder dein Höheres Bewusstsein das Sagen hat.

In deinem schamanischen Bewusstsein erkennst du, dass das Leben viel mehr ist als die kollektive soziale Konstruktion von Realität oder eine gegenseitige Übereinkunft. Dein schamanisches Selbst realisiert, dass es mehr Kräfte gibt, als man im normalen Alltagsleben erkennt, und es lässt sich auf das Leben und andere Menschen auf dieser Ebene ein.

Dein schamanisches Bewusstsein wirkt auf einer eher mythischen, symbolischen Ebene des Seins. Es funktioniert auf einer metaphysischen Ebene, die dich auf eine sehr grundlegende, elementare und zusammenhängende Weise ins Leben und zum Sein mit anderen und mit der Welt führt.

Schicksal

Wusstest du, dass dein Schicksal nicht davon bestimmt wird, was du tust, sondern davon, wer du bist?

Dein Schicksal ist deine Identität. Du bist hierher gekommen ist, um zu sein, um dich selbst als geistiges Wesen, als *spirit,* zu verwirklichen. Als geistiges Wesen bist du sicher und unangreifbar. Als *spirit* bist du vollkommen und heilig. Wenn du dein Schicksal annimmst, gestattest du dir, glücklich zu sein im Wissen, dass Gott für dich liebevoller Vater, Freund und Geliebter ist. Als Kind Gottes hast du alles Gute der Welt verdient.

Es ist dein Schicksal, dass du deine Identität als Teil all dessen, was ist, als Teil Gottes erweckst. Dein Schicksal ist es, ein Leben des Friedens und des Lichts zu führen und ein reiner Kanal für Gnade und Wunder in der Welt zu sein.

Du hast wahrscheinlich den Blick dafür, wer du bist, verloren, weil deine wahre Identität von Schuldgefühlen und Abwehr überdeckt worden ist. Und doch ist es dein Schicksal, über dein Ego und dessen begrenztes Verstehen hinauszugehen, dein Wesen zu transzendieren und in der Liebe und dem Humor des Hier und Jetzt zu leben. Dein Schicksal zu erfüllen bedeutet, die Lektion anzunehmen, die das Leben von Jesus dir zeigt: Ich bin Geist, ich kann nicht verfolgt, verletzt, verraten oder getötet werden.

Nur die Illusion kann sich verändern. Das, was ewig ist, bleibt so, wie Gott es schuf. Dein Schicksal willkommen zu heißen bedeutet, dich für das Wissen um das Ewige zu öffnen und den Himmel auf Erden zu erfahren.

Schmerz

Wusstest du, dass aller Schmerz in dir wegen deines Festhaltens, deines Anhaftens besteht?

Wenn du leidest, geschieht das, weil du an etwas festhältst, das dich nicht weiterbringen kann. Folgerichtig wird dich nur deine Beziehung zum Himmel erhalten können.

Wenn dir etwas, dem du verhaftet bist, weggenommen wird, schmerzt dich das. Es ist enttäuschend oder frustrierend, wenn dein Festhalten deine Bedürfnisse nicht so erfüllt, wie du dir das erhofft hast. Und doch wird dir wahrscheinlich alles, woran du haftest, eines Tages weggenommen werden, weil dir deine Seele beibringen möchte, dass du nichts außerhalb deiner selbst brauchst.

Dein Ego versucht sogar, deine Beziehungen zu Menschen oder Dingen, die du liebst, zu beeinträchtigen, indem es dafür sorgt, dass du dich mit ihnen verstrickst. Das kehrt die liebende Haltung von Geben und Empfangen um in eine Haltung des Nehmens und der Abhängigkeit oder des Festhaltens.

Wenn du dein Festhalten an anderen aufgibst, werden sie ebenso wie du vorwärts gehen. Das Loslassen macht es dir möglich, die nächste Ebene von Wahrheit und Verbundenheit zu erreichen. Verhaftungen sind gefälschte Liebe, und du musst dafür den Preis von Leid bezahlen.

Der Grad, in dem du sie loslässt, wird bestimmen, wie sehr du in deinem Leben vorwärts gehst und erfolgreich sein wirst.

Wusstest du, dass dein körperlicher und emotionaler Schmerz als Ergebnis von Widerstand und Konflikt in deinem Bewusstsein entsteht?

Leid ist ein Anzeichen dafür, dass du einen Fehler gemacht hast. Genauso, wie dein Finger schmerzt und brennt, wenn du ihn ins Feuer hältst, lässt dich emotionaler Schmerz auf unmissverständliche Weise wissen, dass du irgendetwas ändern musst.

Es ist paradox, aber Schmerz fordert dich auf, deine Situation zu akzeptieren. Nur so kannst du vorwärts gehen und gleichzeitig jedoch die Kräfte abweisen, die dich negativ beeinflussen wollen. Hier ist der Ort, an dem du Abwehr in ihrer besten und positiven Form nutzen kannst, damit sie dich befreit, statt dich blind zu machen. Denn dies tut sie dann, wenn du sie als eine Verteidigung gebrauchst.

Schmerz ist ein emotionaler Fluch, den du gegen einen anderen richtest. Es ist ein Angriff, der auf einer Auseinandersetzung oder Enttäuschung beruht. Leid ist eine Beschwerde darüber, dass jemand deine Bedürfnisse nicht erfüllt oder dass jemand nicht nach dem Drehbuch lebt, das du für ihn geschrieben hast. Deine Welt spiegelt dir deine Wünsche wider: Nichts in ihr geschieht ohne deine Zustimmung und deine Planung. Die Spaltung in deinem Bewusstsein ist verantwortlich dafür, dass Schmerz entsteht, und diese Spaltung ist es, die geheilt werden muss, damit du lernst und in deinem Wachstum fortschreitest.

Schuld

Wusstest du, dass Schuld niemals die Wahrheit ist? Sie ist eine Verteidigung, die du dann gebrauchst, wenn du Angst hast, vorwärts zu gehen.

Wahrscheinlich meinst du, dass Schuld nötig ist, um dir als Gewissen zu dienen, um dich erkennen zu lassen, was du richtig und was du falsch machst. Du denkst vermutlich, dass es dich zu einem besseren Menschen macht, wenn du dich schuldig fühlst oder zumindest fühlen kannst. Schuld baut aber nichts auf, Schuld zerstört. Schuld ist eine destruktive Illusion. Dein Ego benutzt sie, um sich selbst durch die Forderung, dass du bestraft werden musst, zu stärken. Wenn Schuld nicht als Selbstbestrafung nach innen gerichtet wird, wird sie nach außen projiziert und verlangen, dass andere bestraft werden.

Wenn du Schuld fühlst, kannst du die Lektion nicht lernen, die die Situation speziell für dich bereithält. Schuld blockiert das Verständnis dafür, dass alle unschuldig sind, obwohl du und jeder andere Beteiligte in dieser Situation Verantwortung dafür trägt, was passiert ist. Verstehen baut Verbundenheit wieder auf oder schafft sie erst, es beendet die Abkehr und die Getrenntheit, die Erfolg, Nähe und jede Vorwärtsbewegung unmöglich machen.

Wir alle tragen eine existentielle Schuld. Schuld ist

einer der dynamischen Faktoren jedes Problems, weil jedes Problem auf einer Ebene eine Form der Selbstbestrafung darstellt. Wenn du erkennst, dass Schuld eine Illusion ist, kannst du dich vom Tod abwenden, dem zu folgen dein Ego dich veranlassen möchte (als ob das eine sinnvolle Antwort wäre).

Ohne Schuldgefühle würdest du kein Urteil über andere fällen. Der Unschuldige sieht nur die Unschuld der anderen, sogar dann, wenn er erkennt, dass ein Fehler gemacht wurde. Schuld lässt dem Einfühlungsvermögen, dem Mitgefühl keinen Raum. Bestenfalls erlaubt dir die Schuld, die Rolle des Helfers und des Sich-Aufopfernden zu spielen, die aber nicht authentisch sind.

Wenn du chronische Schuldgefühle hast, verbirgst du hintergründige Motive. Schuld kann zum Beispiel eine Entschuldigung dafür sein, dass du mit deinem Leben nicht klarkommst. Schuld verbirgt Rachegelüste, insbesondere Rachegefühle gegenüber Gott – mit der Folge, dass du Seiner Liebe, Seiner Gnade und Seinem Verständnis der Situation nicht erlaubst, dich zu befreien. Schuld führt zu einer negativen Lebenseinstellung, die dich in die Richtung des Todes führt, immer weiter vom Leben fort. Schuld versteckt dein Bemühen, deine Bedürfnisse dadurch zu befriedigen, dass du an gar nicht mehr existierenden Situationen festhältst. Diese Bedürfnisse können in Wirklichkeit nur durch wirksame Heilmethoden und die Bewegung nach vorn erfüllt werden.

Warum solltest du dich mit Schuldgefühlen selbst angreifen? Das wird dir die Bedürfnisse der anderen nicht bewusster machen. Das schaffen nur Gewissenhaftigkeit und sensibles Einfühlungsvermögen. Chronische Schuld bietet dir letztlich nur einen Vorwand, ausschließlich dir selbst zu frönen und zu tun, was immer dein Ego tun möchte.

Schuldzuweisung

Wusstest du, dass jede Schuldzuweisung eine Form von Sündenbocksuche ist? Du weichst darauf aus, um das Thema zu vermeiden, um das es jetzt wirklich geht.

Probleme sind nicht einfach, sie sind vielmehr kompliziertе Konstrukte, die dein Ego entwirft, um seine eigenen Ziele zu erreichen. Schuldzuweisungen sind, wie alle anderen Formen der Sündenbocksuche, der Versuch, die Schuldgefühle zu vermeiden, die du spürst, wenn etwas Unangenehmes passiert ist. Du benutzt die Schuldzuweisungen nicht nur, um das tatsächliche Problem zu umgehen, sondern du verhinderst damit auch dessen Lösung. Die Probleme kommen aus deinem Ego, also sind sie kompliziert. Die Lösungen bietet dein Höheres Bewusstsein, also sind sie einfach.

Wenn du jemand anderem die Schuld gibst, kannst du keine Lehren aus der Situation ziehen – dies aber hattest du dir selbst vorgenommen. Schuldzuweisungen gehen davon aus, dass nur jemand anders sein Verhalten ändern müsste, und dann würde in deinem Leben alles gut. Sie ignorieren die Tatsache, dass du unbewusst selbst jener Person, die nun dein Sündenbock ist, entsprechend deines eigenen Skriptes diese Rolle zugewiesen hast. Es hat einer deiner verborgenen Absichten gedient, dass dieser

Mensch sich so verhalten hat. Er beziehungsweise sie hat dir auf einer tieferen Ebene einen Teil deines eigenen Bewusstseins gespiegelt.

Schuldzuweisungen erzeugen immer Trennung. Sie beginnen einen Kampf, und jeder Kampf versteckt die Furcht, vorwärts zu gehen. Schuldzuweisungen suchen nicht nach Lösungen, sondern nach Sündenböcken. Sie vermeiden die wirkliche Antwort, indem sie vorgeben, dass die andere Person das einzige Problem darstellt. Schuldzuweisungen basieren stets auf Verurteilung, Aggression und Dominanzstreben. Sie geben sich als moralisch überlegen aus, während sie insgeheim jeden Schritt hin zu Partnerschaft und Erfolg unmöglich machen.

Sex

Wusstest du, dass das Wesen von Sex Kommunikation ist?

Sex kann unterschiedlichen Menschen vieles bedeuten, wenn er jedoch zur Kommunikation genutzt wird (was seine wahre Natur ist), bringt er Verbundenheit, Heilung, Wohlsein, einen geschützten heiligen Raum und Liebe hervor. Falls du Sex gebrauchst, um etwas zu bekommen, wird dein Bedürfnis danach immer weiter wachsen, damit du das Image und den Status der Besonderheit, die er dir vermittelt, aufrechterhalten kannst.

Wenn Sex zum Nehmen wird, machst du dich und deinen Partner oder deine Partnerin zu Objekten, was bedeutet, dass du die Verbindung zwischen euch beiden nicht genießt. Wenn das passiert, wirst du von ihm oder ihr dissoziiert und beraubst dich selbst genau der Freude, die du zu erlangen hoffst. Sex kann einen Versuch darstellen, all die Leere in dir zu füllen oder deinen Schmerz zuzudecken. Andererseits kannst du auch Schmerz als Abwehr gegen Sex benutzen.

Wenn Sex nicht von einer Ebene der Ebenbürtigkeit aus gelebt wird, fühlst du dich, als würdest du dem anderen etwas wegnehmen oder er dir. Wenn du Sex als Mittel gebrauchst, um Verbindungsfähigkeit und Austausch zu fördern, dann macht er dich glücklich und gibt dir Sinn.

Sinn ist ein Produkt der Liebe und der Verbindung, die beim Sex in den Mittelpunkt rücken können.

Viele Menschen denken, dass exquisiter Sex die beste Möglichkeit sei, ein Stück des Himmels hier auf Erden zu genießen – aber eine solche Erfahrung wird vom Sinn geschaffen und erhalten, der sich in einer andauernden, immer weiter wachsenden, liebevollen Beziehung aufbaut.

Sicherheit

Wusstest du, dass du umso sicherer bist, je weniger du verteidigst?

Dieses Prinzip scheint ein Paradox zu sein, wenn man an all das Geld denkt, das für Verteidigung, Alarmsysteme und Waffen ausgegeben wird. Vor allem, da du höchstwahrscheinlich die Verteidigungssysteme, in die du investiert hast, auch nutzen willst.

Und doch lenken Abwehrsysteme die Aufmerksamkeit auf das, was verteidigt wird. Je stärker du auf Verteidigung ausgerichtet bist, desto mehr lädst du zum Angriff ein.

Verteidigung drückt Furcht aus. Furcht entsteht als Ergebnis deiner eigenen Gedanken an Angriffe, Urteile und Ungerechtigkeiten. Da du all diese Gedanken nach außen projizierst, siehst du die Welt als einen gefährlichen Ort an, sobald du die Augen öffnest. Das macht dich ängstlich, was dich wiederum dazu veranlasst, dich aktiv zu verteidigen. Und das führt dazu, dass die Welt dich im Gegenzug wirklich angreift – deine Angst wird erneut verstärkt.

Du verteidigst dich auch, um empfindliche Bereiche zu schützen, an denen du schon verletzt worden bist. Diese Orte zu verteidigen deckt aber die Wunden nur ab. Es

lässt sie weiter bestehen, sie werden weiter an dir nagen. Solche alten schmerzenden Gefühle bleiben überempfindlich und werden leicht von äußeren Umständen nach oben geholt, was dich dazu veranlasst, noch stärker anzugreifen und dich noch mehr zu verteidigen.
Um zu heilen und dich zu transformieren, ist es am besten, diesen Gefühlen zu gestatten, dass sie an die Oberfläche kommen. Wenn du sie ohne Abwehr erspüren kannst, kannst du dir der Wunden bewusst werden und sie heilen und somit den Kreislauf von Verteidigung und Angriff beenden.

Wenn du offen und sorglos bist, ohne etwas verteidigen zu müssen, dann gehst du auf wohlwollende Weise auf deine Umwelt zu – was die Welt zu einer wohlwollenden Antwort einlädt. Das ist eine deutliche Demonstration des Gesetzes: »Was du säst, das wirst du ernten.«

Wusstest du, dass du vollkommen sicher bist, wenn du vollkommen unschuldig und harmlos bist?

Wenn du alle Angriffsgedanken und Anklagen aufgegeben hast, wirst du vollkommen friedfertig sein. Du wirst für keinen eine Bedrohung darstellen, und du wirst Segen und Güte ausstrahlen. Wenn du friedvoll bist, kommt das Glück in allen möglichen Formen zu dir.

Jede Negativität führt dich vom Frieden weg, der die Wurzel von Liebe ist, von Fülle, Kreativität und allen schönen Dingen. Wenn du deine Harmlosigkeit, deine Unschuld und Friedfertigkeit akzeptierst, bringt dich das in deine Mitte zurück, so dass du deinen Platz in der Welt als ein Kind Gottes einnehmen und anderen dabei helfen kannst, ihr Schicksal zu erfüllen.

Friedfertigkeit, also Harmlosigkeit im ursprünglichen Sinne, lädt zu keiner Attacke ein und erzeugt nur wieder Harmlosigkeit. Deine Friedfertigkeit segnet die Welt und macht dich zu einem natürlichen Kanal für Wunder, höhere Führung und Gnade.

Sinn

Wusstest du, dass es der Sinn des Lebens ist, den Himmel auf die Erde zu bringen – durch Liebe, Freude, Heilung und Hilfe für die Welt?

Alles, was dich der Einheit näher bringt, wird deinem Leben mehr Sinn geben. Sinn bereichert dich, vergrößert deine Verbundenheit und Lebensfreude. Dein Lebenssinn wird vor allem anderen durch das Maß bestimmt, in dem du deinem Zweck entsprechend lebst. Je mehr Sinn es in deinem Leben gibt, desto glücklicher und wacher bist du, und desto empfänglicher bist du für das Tao, das Prinzip der Einheit.

Wenn der Sinn anwächst, wirst du sowohl deine eigene Begabung als auch die Gaben des Lebens erfahren. Jeder Akt der Güte, Schönheit oder Freundschaft fügt dem Sinn etwas hinzu. Die Dinge, die wirkliche Bedeutung im Leben besitzen, sind die Dinge, die du im Angesicht des Todes mitnehmen willst.

Dein Ego sieht die Lösung in der Sinnlosigkeit. Es zeigt dir die Dinge der äußeren Welt, und wenn du sie annimmst, wirst du dich am Ende enttäuscht fühlen und desillusioniert, und du wirst erneut in der Sinnlosigkeit herumschweben. Das könnte eine hilfreiche Erfahrung sein und keine Versuchung, dem Tod zu folgen. Das allerdings nur, wenn du die Enttäuschung gebrauchst, um dich zu inspirieren und wahre Sinn-Orientierung zu finden. Sonst fällst du garantiert in eine andere Falle des Ego, die dich nicht erhalten und nähren kann, und endest wieder in einer Enttäuschung.

Dein Höheres Bewusstsein beantwortet die Frage »Was ist mein Sinn?« auf ganz andere Weise. Es ist still, aber machtvoll, und es bringt dir nicht nur die Antwort, sondern auch Leben spendende Gefühle und den Sinn selbst. Im Verlauf deiner Entwicklung führt dich dein Höheres Bewusstsein allmählich durch die Ernüchterung der Welt hindurch zu dem, was weniger greifbar, jedoch tiefer erfahrbar ist. Es vertieft dein Leben in spiritueller Hinsicht durch Liebe, Freude, Bindungen, gegenseitige Verflechtung, Heilung und schließlich durch den Himmel – das Bewusstsein von Einheit.

Spiritualität

Wusstest du, dass du spirituell sein wirst, falls du es nicht schon bist?

Wenn du dich über das frühere Stadium der gespaltenen Unabhängigkeit hinausentwickelst und das Stadium der Verflechtung und der Partnerschaft erreichst, entwickelt sich Spiritualität auf ganz natürliche Weise. Je mehr du dich mit anderen verbindest und Gemeinsamkeiten verwirklichst, desto stärker wirst du natürlich Gnade erfahren.

Spiritualität ist die fortwährende und immer wieder neu zu treffende Entscheidung, den Autoritätskonflikt aufzugeben und auf die innere Führung zu hören. Dabei wirst du die Fähigkeit entfalten, Liebe, Schönheit, Harmonie, Gnade und Fülle zu empfangen.

Mit der Entwicklung von Spiritualität geht ein natürliches Wachstum an Integrität, Bewusstheit und der Erkenntnis der Einheit einher. Du kannst immer mehr Glück erfahren, das von innen kommt, statt das Ergebnis irgendeines äußerlichen Ereignisses zu sein. Es kommt zu einer Entfaltung der Kraft von Beziehung. Du erkennst, dass du durch deine Beziehung zu anderen, zu dir selbst und zu Gott in die Erfahrung der Einheit eintrittst, in die Liebe und das Licht, das alles durchdringt.

Spiritualität ist der Weg, dunkle Lektionen zu verlernen und Lektionen des Lichts zu erlernen. Es ist der Pfad von Wachstum, Heilung, Frieden und Ganzheitlichkeit. Es ist die Verwirklichung deines *spirits* im zeitlosen *spirit*. Es ist die Erkenntnis, dass du ein geliebtes Kind Gottes bist und ein liebender Teil des göttlichen Geistes.

Die Strategien des Ego

Wusstest du, dass es die Strategien deines Ego sind, die dich unglücklich machen und dir ungezählte Probleme bereiten?

Ego-Strategien beruhen auf Entscheidungen, die du irgendwann getroffen hast. Sie bereiten dir Probleme, weil sie innere Ansichten repräsentieren, die deinem bewussten Verlangen nach Liebe, Erfolg und Glück zuwiderlaufen. Diese inneren Ansichten entspringen dem Bedürfnis des Ego zu gewinnen, in Konkurrenz zu stehen, etwas Besonderes zu sein und dich daran zu hindern, deinen wahren Sinn im Leben zu erkennen. Sie operieren immer mit dem Ziel, das Bestehen des Ego zu fördern und dessen Kraft weiter zu stärken.

Deine Ego-Strategien stellen zum Scheitern verurteilte Versuche dar, Glück zu erlangen, da dein Ego keine Ahnung hat, was dich wirklich glücklich macht. Zum Beispiel ist es scheinbar darum bemüht, Liebe und Erfüllung zu suchen, hat aber in Wahrheit Angst davor, diese auch zu finden. Denn was würde das Ego – die Verkörperung des Prinzips von Furcht und Getrenntsein – mit Liebe und Freude anfangen, die Angst und Trennung ja auflösen? Das Ego ist bereit, die Furcht zu vermindern, wird aber nie willens sein, Angst ganz aufzugeben.

Andere deiner Ego-Strategien sind Versuche, etwas von

der Welt abzubekommen, dich für deine Schuld selbst zu bestrafen, dich vor Angst zu schützen, Rache zu nehmen, etwas zu beweisen, Leid zu verstecken oder zu kompensieren, deine inneren Konflikte auf die Welt zu projizieren, dir Entschuldigungen dafür zu verschaffen, andere anzugreifen oder zu besiegen, oder dich selbst oder andere zu kontrollieren. Alle Absichten deines Ego zielen darauf, mit deinem gespaltenen Bewusstsein umzugehen, es zu verbergen, anzupassen oder anderweitig zu manipulieren. Sie zielen jedoch nie darauf ab, dass du jene Lösung und Freiheit findest, die dich vorwärts bringt, da das deine Abhängigkeit vom Ego verringern und dessen Macht verkleinern würde.

Du kannst die Strategien deines Ego auf eine einfache Weise identifizieren: Immer, wenn ein unangenehmes Ereignis oder ein Problem auftaucht, frage dich, was dieses Geschehen dir zu tun und nicht zu tun erlaubt. Die Antwort wird deine versteckte Absicht, das verborgene Ziel deines Ego enthüllen. Dieses nun entdeckte unterbewusste oder unbewusste Ziel wird dir niemals Glück bringen.

Die Entwicklung von Ereignissen – das Tao

Wusstest du, dass sich alles stets auf die bestmögliche Weise entwickelt?

Das Leben ist eine Lernsituation, ein Ort, an den du gekommen bist, um dich selbst zu heilen, deine Talente zu entwickeln, deinen Lebenssinn zu verwirklichen und deine Bestimmung anzunehmen. Es ist ein Platz, an den du gekommen bist, um deinen Traum glücklich werden zu lassen, so dass du in ihm aufwachen kannst.

Deine Seele reist durch das Leben und lernt dabei, sich zu heilen und zu befreien, um zu ihrer Selbstverwirklichung als *spirit* zu erwachen. Deine Seele spielt auf einer wichtigeren Ebene als dein Alltagsbewusstsein. Sie ist in dieses Leben gekommen, um sich selbst herauszufordern, und sie hat die perfekte Familie und die allerbesten Umstände dafür ausgesucht.

Du bist hierher gekommen, um dich zu heilen und dann zu helfen, die Welt zu heilen. Du entwickelst dich auf die natürlichste Weise und lernst eine Lektion nach der anderen in einem Lehrplan, der zum Erwachen führt. Nur wenn du eingreifst oder in eine andere Richtung willst, gerätst du in Schwierigkeiten, aber selbst das wird Teil deines Lernens, während sich der Prozess fortsetzt.

Deine Seele ist über den Tod nicht so besorgt, wie du es bist; sie hat ihr eigenes Timing. Sie weiß, wann es Zeit ist zu gehen, und gebraucht alle Mittel und Möglichkeiten, die ihr zur Verfügung stehen, um dieses sterbliche Gewand zur rechten Zeit loszulassen.

Für die Menschheit gibt es vieles zu heilen. Die Ereignisse werden sich auf natürliche Weise so entwickeln, dass vergrabener Schmerz nach oben kommt, bereit, geheilt zu werden. Alle Ereignisse entfalten sich angesichts der Lektionen, die du noch lernen musst, und angesichts der Probleme, die noch gelöst werden müssen, auf ihrem höchstmöglichen Niveau von Glückseligkeit.

Dein Tao entfaltet sich in Übereinstimmung mit dem von Milliarden anderer Menschen und mit dem größeren Tao der Menschheit und der Erde selbst. Dieser Prozess bewegt sich immer weiter zum Tao, dem universellen *spirit*. Indem du dich in vollkommene Übereinstimmung mit deiner eigenen Entwicklung begibst, beschleunigt sich dein Tao und fließt ohne Behinderung zu seiner Verwirklichung.

Therapie

Wusstest du, dass Therapie ein hilfreicher Schwindel ist?

Alles Leid und alle Konflikte, die du jetzt erlebst, hast du aus deiner Vergangenheit mitgeschleppt im verzweifelten Versuch, diesen Augenblick in der Gegenwart zu vermeiden. Die Vergangenheit ist vorbei; sie existiert nicht. Sie war vergangen, sobald sie den Moment der Gegenwart verlassen hatte, welcher die einzige Zeit darstellt, die keine Illusion ist. Deshalb kann dich deine Vergangenheit in Wahrheit jetzt gar nicht zurückhalten, es sei denn, dass du dich selbst über ihre Bedeutung täuschst und sie gebrauchst, um nicht vorangehen zu müssen.

Wenn du das tust, lässt du dich eigentlich von einer Vergangenheit knebeln, die es nie gegeben hat. Sie ist eine Geschichte, die du geschaffen hast, um die Weltsicht und die Eigensicht zu unterstützen und für gültig zu erklären, für die du dich entschieden hast. Du gebrauchst die Vergangenheit als eine Entschuldigung, als einen Vorwand. Deine Erinnerung stimmt dem zu, denn sie ist ein Gast im Hause deines Ego und würde gar nicht auf die Idee kommen, ihren Gastgeber zu verletzen.

Du kennst noch nicht einmal den Unterschied zwischen den Dingen, die in deinen Träumen passiert sind, und denen aus deinen Erinnerungen an reale Ereignisse. Sogar bei den unterdrückten Erinnerungen, die du an die Oberfläche deines Bewusstseins gebracht hast, könnte es sich um Wünsche, Phantasien oder Träume handeln statt um das, was wirklich geschehen war. Du benutzt deine Vergangenheit, um deinen Status quo zu stützen; sie stellt die Ursache dar, »warum du eben so sein musst, wie du bist«.

An dieser Stelle wirkt Therapie wie ein hilfreicher Schwindel. Sie hilft dir durch eine Situation, in der die Vergangenheit deine gegenwärtige Lage beeinflusst, die aber doch nur so ist, wie du sie gewollt hast. Indem Therapie jedoch den größeren Schwindel heilt – die Illusion von Schmerz und Leiden –, kannst du deine Kraft und den Frieden zurückgewinnen.

Schmerz und Leiden können leicht überwunden oder transzendiert werden, wenn du erst einmal erkennst, dass sie nur eine Illusion sind.

Die Illusion ist der Fehler, der korrigiert werden kann.

Mit Vision und Kreativität kannst du tatsächlich deine unterbewussten Muster in Bezug auf Familie, Beziehung und Aufopferung überwinden. Vision gestaltet eine positive Idee von Zukunft, so dass sie die Gegenwart auf die bestmögliche Weise nach vorn ausrichtet. Wenn du es nicht schaffst, im gegenwärtigen Augenblick zu leben, wird dein Leben von der Vergangenheit diktiert, und zwar so, wie du sie siehst.

Wie es ein Gesetz der Wahrnehmung ausdrückt, siehst du das, was du sehen möchtest. Deshalb ist deine Vergangenheit so, wie du sie möchtest. Wenn deine Vergangenheit unglücklich ist, hast du dir das aus irgendeinem fehlgeleiteten Grund selbst so ausgesucht. Deshalb kannst du durch die Kraft der freien Entscheidung deine Vergangenheit und deine Kindheit auch in einem gänzlich anderen Licht sehen. Du kannst dich auch heute noch dazu entschließen, doch eine glückliche Kindheit zu haben.

Schmerz lässt dich wissen, dass sich gerade eine falsche Wahrnehmung in dein Leben geschlichen hat. Wenn du die Dinge richtig siehst, wirst du erkennen, dass es keinen gibt, dem irgendeine Schuld zu geben wäre, noch nicht einmal dir selbst – und dann fällt der Schmerz ab. Du wirst in den Situationen, in denen du früher das Opfer warst, nun eigene Kraft und Verwirklichung erfahren.

Wenn Therapie ihr Ziel erreicht, ist sie ein glücklicher Schwindel, der dir hilft, den leidvollen Schwindel deiner Vergangenheit aufzulösen.

Der tiefere Sinn eines Ereignisses

Wusstest du, dass jedes Ereignis in deinem Leben einem bestimmten Zweck dient?

Du bist ein zweckgerichtetes Wesen: Nichts, was dir passiert, folgt dem puren Zufall. Alle negativen Ereignisse haben auf der unbewussten geistigen Ebene ihren eigentlichen Gehalt. Das ist zum Beispiel die unterbewusste Kommunikation mit den Menschen in deiner Umgebung, mit dir selbst und mit Gott. Ein anderer besteht darin, dass du negative Geschehnisse und Probleme benutzt, um aus Angst vor deren Größe deinen Lebenssinn und deine Großartigkeit zu vermeiden. Je größer das Problem ist, desto größer ist auch deine Furcht vor dem Sprung zur nächsten Stufe und davor, die Fähigkeit, das Talent oder die Chance anzunehmen, die dort auf dich warten.

Probleme bremsen dich und lenken dich davon ab, vorwärts zu gehen, so kann dein Ego stark und dominant bleiben. Jedes negative Ereignis ist das Resultat von Angst, Trennung und einem Autoritätskonflikt. Du benutzt diese Ereignisse in dem Versuch, Schuld zurückzuzahlen, Rache zu nehmen, dein gebrochenes Herz zu rechtfertigen und deine Träume zu zerschmettern. Oder sie dienen dir als Vorwand, damit du deine Begabung nicht ausleben musst. Du gebrauchst die Geschehnisse auch in dem Bemühen, andere zu besiegen, etwas zu beweisen oder selbstgerecht zu sein, andere oder dich selbst zu kontrollieren, zu versuchen, ein Bedürfnis zu befriedigen oder an etwas festzuhalten.

Die negativen Ereignisse in deinem Leben reflektieren dein gespaltenes Bewusstsein und die ihm innewohnenden Konflikte. Negative Geschehnisse sind eine Form von Opfer, was wiederum eine Form von Aggression darstellt. Leiden und Traumata sind in Wahrheit Bestrebungen, dich vor deiner Angst vor Erfolg oder Nähe zu schützen. Denn deine Angst würde, von Erfolg und Nähe überwältigt, die Kontrolle verlieren und sich als unangemessen herausstellen.

Todessehnsucht

Wusstest du, dass die Todessehnsucht in Wahrheit eine Einladung zur (Wieder-)Geburt ist?

Jedes Mal, wenn du sterben könntest, weil du einen Konflikt erlebst, den du nicht lösen kannst, wirst du eingeladen, auf eine völlig neue Bühne deines Lebens zu springen. Die Entscheidung, diese neue Ebene zu betreten, integriert die Brüche in deinem Geist, die dir der Konflikt nur spiegelt. Die umfassende Erfahrung von Ganzheit dort auf der neuen Ebene schenkt dir einen Neuanfang und löscht deine Todessehnsucht aus. Diese Entscheidung, weiter nach vorn zu gehen, löst deine Eigenattacken auf und ebenso die Strategie deines Ego, die im Konfliktfall darin bestünde, gar keinen Weg zu wählen und damit den Tod auf sich zukommen zu lassen.

Häufig leben Menschen tiefe Konflikte und Todessehnsucht in Form von Krankheiten oder Unfällen aus. Sie fühlen sich versucht, lieber zu sterben, als sich den Konflikten zu stellen, weil sie keinen Ausweg aus ihren Schwierigkeiten sehen. Manche entscheiden sich tatsächlich, eher zu sterben, als die bereitstehende Lektion zu lernen und den nächsten Schritt im Leben zu tun.

Es gibt keinen Konflikt, der nicht gelöst werden könnte. Je größer das Problem ist, desto größer ist der Erfolg, den das nächste Kapitel deines Lebens für dich bereithält.

Die tote Zone

Wusstest du, dass sich die westliche Gesellschaft ohne eine Veränderung ihrer geistigen Orientierung und Einstellung nicht weiterentwickeln kann?

Die alles spaltende Wettbewerbshaltung der westlichen Gesellschaft hat sich praktisch schon erschöpft und uns alle in einen Zustand des Burnout geführt. Jeder arbeitet hart, nur um am selben Platz zu bleiben. Kaum jemand erlebt jedoch die Erfüllung, die aus der Fähigkeit entsteht, zu spüren, zu empfangen oder sich zu freuen.

Nur eine neue Vision, die die Partnerschaft betont, die Gemeinsamkeiten hervorhebt statt trennender Unterschiede, die ein Verhalten wie das von Freunden, die Freunden helfen, zur Norm werden lässt, kann uns in eine erfolgreiche Zukunft führen. Nur durch weltweite Teamarbeit kann die Angst, die im Konkurrenzdenken versteckt ist, aufgelöst werden. Dann brauchen wir keine schmerzhaften Weckrufe, um unser Herz und unseren Geist aufzubrechen und uns mit der Inspiration zu verbinden, die uns vorwärts leitet.

Trennung

Wusstest du, dass Trennung an der Wurzel jedes Problems steckt?

Trennung erzeugt Angst, Schuldgefühle, Urteile, Autoritätskonflikte, Verlusterfahrungen, Wunden im Herzen und all die anderen Energien, die Probleme schaffen. Alle Heilung aber kommt aus der Liebe und aus den heilenden Prinzipien, die zu *Bonding*, Geben, Empfangen, *Joining*, Hilfe, Loslassen, Integration, Selbstverpflichtung, Akzeptanz, Verständnis und Vergebung führen. Diese Heilprinzipien stellen die Verbundenheit wieder her. Sie helfen dir, den nächsten Schritt nach vorn zu machen.

Letztlich ist Trennung, das Gefühl des Getrenntseins und der Abkehr vom Leben, eine Form deiner Auseinandersetzung mit Gott. Chronische Schuldgefühle sind die Waffe, die du gebrauchst, um Ihn anzugreifen. Furcht ist in Wahrheit dein Verlangen, alles allein zu machen, aber auch deine Angst davor, allein zu sein. Trennung ist der Graben, der Kommunikation, gegenseitige Verflechtung und Gemeinsamkeit verhindert.

Als Ergebnis von Verbundenheit fließen dir Sinn und Entwicklung in reichem Maße zu. Getrenntheit ist eine Illusion, die dein Ego stärkt und Partnerschaft ebenso wie Erfolg behindert. Getrenntheit blockiert die Entfaltung deiner Entwicklung. Sie ist die Illusion, die dich gefangen hält. Da Einheit deine spirituelle Wirklichkeit ist, ist Getrenntheit die Illusion, aus der du allmählich erwachen wirst.

Unabhängigkeit

Wusstest du, dass es das größte Geheimnis einer unabhängigen Person ist, an irgendetwas oder irgendjemandem aus ihrer Vergangenheit mit aller Macht festzuhalten?

Eine der Hauptgründe, warum du unabhängig geworden bist, liegt darin, dass du dich von Eifersucht oder dem Schmerz eines brechenden Herzens abgespalten hast. Du hast versucht, dich aus einer sehr unangenehmen Abhängigkeit von einem anderen Menschen zu lösen, indem du dich von deinen Gefühlen getrennt hast. Das hat automatisch zu Unabhängigkeit geführt, in der du anscheinend auf dich gestellt warst und nicht so sehr leiden musstest. Das wiederum hat dir erlaubt, selbst unabhängig zu werden. Damit aber hast du deine Partner so abhängig gemacht, wie du es vorher warst.

Unabhängigkeit macht dich attraktiver, besonders für abhängige Menschen. Wie sehr abgespalten und unabhängig du dich gemacht hast, bestimmt jedoch auch das Maß, in dem du kompensierst. In deinem Inneren zündest du immer noch Kerzen auf einem Altar mit dem Bildnis jener Person an, die dein Herz gebrochen hat. Das Maß deiner Unabhängigkeit zeigt, wie sehr du die Tatsache kompensierst, dass du noch an ihm oder ihr festhältst. Es zeigt das Maß an, in dem du immer noch unter der Oberfläche abhängig bist und den alten Schmerz in dir trägst.

Nur, wenn du nicht mehr an diesem Menschen aus der Vergangenheit festhältst, kannst du in einer gegenwärtigen Beziehung Ebenbürtigkeit erfahren. Bis dahin werden das Festhalten und die Unabhängigkeit deine gegenwärtigen Beziehungen sabotieren.

Wusstest du, dass die meisten Traumata geschaffen werden, indem dir Unabhängigkeit gegeben wird? Das jedoch stellt eine gespaltene Auffassung von Freiheit dar.

Jedes Trauma und jedes Ereignis, die dir das Herz brechen, beinhalten einen Lohn, der zugleich der Schlüssel zu ihrer Wirkungsweise ist: Sie erlauben dir, unabhängig zu werden, die Dinge so zu machen, wie du willst, und zu handeln, ohne für irgendjemanden verantwortlich zu sein. Der Schmerz aus der Kindheit hat dir gestattet, dass du so aufwächst, wie du es möchtest – auf eine Weise, von der du geglaubt hast, dass sie dich glücklich macht. Dabei ging viel Verbundenheit verloren, was das Aufwachsen schwieriger machte und dich viel härter an Beziehungen und am Leben arbeiten ließ. Du musstest allein durch alles hindurch und dich auf unnötige Weise selbst beweisen. Dabei hast du dich immer stärker von liebevoller Unterstützung abgewandt, von der Fähigkeit zu empfangen und ganz allgemein von Gnade. Das hat deinen Energiefluss gestoppt und dir die Vorstellung gegeben, dass du ganz allein, ohne einen Partner, alle Lasten schultern müsstest.

Dissoziierte Unabhängigkeit ist ein falsches Mekka,

das auf der Angst vor dir selbst beruht, vor deinen Gaben und deinem Lebenssinn. Manchmal braucht es Jahre, bis du dich wieder aus den Problemen herausgegraben hast, die du als Vorwand geschaffen hast, um unabhängig zu werden. Du musst jede Kontrolle und das Bedürfnis aufgeben, dass die Dinge so laufen, wie du willst. Erst dann kannst du zu einer erfolgreichen Partnerschaft gelangen.

Wusstest du, dass dir deine traumatische Vergangenheit die Begründung für dein jetziges Sosein gibt? Das allerdings entspricht genau dem Bild, das dein Ego verwirklicht sehen möchte.

Wenn du nicht genauso wärst, wie du immer sein wolltest, dann könntest du den Mut aufbringen, jede Kontrolle aufzugeben. Du könntest willens sein, dich mit anderen zu verbinden und dich weit zu öffnen für Nähe, Erfolg und Empfangen. Deine dissoziierte Unabhängigkeit besteht jedoch darauf, dass du alles selbst machen musst. Und das gestattet dir nicht, anderen Menschen oder dem Himmel ein Partner zu sein.

Du hast Angst vor der Vorstellung, dass dein Leben sogar noch besser sein könnte, wenn du nicht alles selbst bestimmst. Wenn du auf deiner Kontrolle bestehst, kann sie dich nirgendwo anders hinführen als in eine selbstgerechte Entrüstung als Feigenblatt für Bitterkeit, Zynismus und Angst vor Nähe.

Deine Angst lässt dich sehr ungehobelt handeln, was du dann als gerechten Zorn legitimieren möchtest. Wenn du erkennen würdest, wie du dich verhältst, dass dich dein Partner nie zufrieden stellen kann, wie wütend du bist, wie alles immer nach deiner Nase gehen muss, dann würdest du endlich bemerken, wie dich dein Kontrollbedürfnis abtötet, während es dein Ego stärkt. Wenn du diesen Weg weitergehst, hast du kaum eine Möglichkeit, Glück zu erfahren. Wenn du jedoch bereit bist, deine Kontrolle im Tausch gegen Partnerschaft, Ebenbürtigkeit und Gnade aufzugeben, wirst du sehr leicht einen Weg finden, der dich zu Freude führt.

Unglück

Wusstest du, dass du dann unglücklich bist, wenn du beweisen willst, dass du Recht hast?

Du hast offensichtlich die Wahl: Du kannst entweder Recht haben, oder du kannst glücklich sein. Jedes Mal, wenn du ärgerlich bist, formulierst du eine Beschwerde oder ein Urteil und bestehst darauf, dass du in irgendeiner Sache Recht hast. Wenn du auf dein Recht pochst, wirst du in deinen eigenen schlechten Gefühlen gefangen sein und in einem Durcheinander stecken bleiben, nur um irgendetwas zu beweisen.

Wenn du unglücklich bist, bist du dir auf eine versteckte Weise sicher, Recht zu haben. Wenn du selbstgerecht handelst, kompensierst du Schuldgefühle. Wenn du selbstgerecht bist, übernimmst du keine Verantwortung für die Situation. Indem du keine Verantwortung übernimmst, bleibst du in den verborgenen Drehbüchern und Plänen deines Ego stecken, die dich überhaupt erst in diese Lage gebracht haben. Wenn du selbstgerecht bist, schließt sich dein Geist ein und empfängt weder die Intuition noch die Inspiration, die dir den Ausweg aus der unerfreulichen Situation zeigen könnten.

Es gibt ein kleines Gebet aus dem Herzen, das du gebrauchen kannst, um deinen Geist wieder zu öffnen:

»Ich hoffe, ich täusche mich in dieser Sache,
denn falls ich Recht habe, ist es dies, was ich bekomme.
Zeig mir den Weg zur Freiheit.«

Unschuld

Wusstest du, dass Unschuld eines der schönsten Geschenke ist, die du der Welt machen kannst?

Deine Unschuld befreit dich und erlaubt dir zu erkennen, dass du alles Gute verdienst. Sie erkennt auch die Unschuld der anderen Menschen und löscht die Anklagen und Beurteilungen, die dich binden und die das Leiden in deinem Leben verursachen.

Bei jeder Form von Schuld wirst du Wege finden, dich selbst zu bestrafen, durch Mangel, Krankheit, Konflikt, Probleme, Leiden, Versagen, Angriff, Eigenattacken und Missbrauch. Deine Unschuld besitzt die Kraft, diese fürchterlichen Fallen in dir und anderen abzubauen. Sie bringt jenen Frieden, das Mitgefühl und die Wahrheit, die Lösungen für alles finden, was nicht funktioniert.

Unschuld geht über die Falle von »richtig« oder »falsch« hinaus in dem Wissen, dass jedes System von »richtig« oder »falsch« Schuld erzeugt. Die meisten Menschen versuchen, richtig zu handeln, aber in jedem System, in dem es diese beiden Pole der Wertung gibt, kann das Richtige lediglich eine Kompensation für das sein, was man als falsch ansieht. Unschuld zerbricht die verborgene Falle von Schuld, damit Lösungen für die Probleme des Lebens gefunden werden können. Unschuld geht über die Rollen von »gut« und »schlecht« hinaus, um Wahrheit zu zeigen.

Untreue

Wusstest du, dass dein ganzer Schmerz entsteht, weil du untreu bist?

Wenn du dir selbst und anderen untreu bist, wirst du leiden. Wenn du dich anderen nicht ganz gibst, werden sie dich im Stich lassen, weil sie auch nicht fähig sein werden, sich dir voll und ganz zu geben.

Wenn du dich in dich selbst zurückgezogen oder ein gespaltenes Verhältnis zu jemandem hast, wirst du dich so verhalten, dass du eine doppelte Botschaft aussendest, obwohl du dir vielleicht nur einer Seite deiner Gefühle bewusst bist. Du hast zum Beispiel Vertrauen, dass diese Person Erfolg haben wird, und gleichzeitig glaubst du, dass sie versagen wird.

Wo auch immer du dein Vertrauen hineingibst, das wird auch passieren. Es offenbart deine Glaubenssätze und zeigt, wo du die Kraft deines Geistes investierst. Dein wahres Vertrauen in einen Menschen wird Ergebnisse zeitigen. Wenn du gespalten bist, werden die Ergebnisse ambivalent sein. Wenn du keinen Glauben in jemanden hast, wird diese Person untreu sein und dich im Stich lassen.

Wo du in deinem Leben Schmerzen hast, dort stehen zumindest zwei Teile deines Bewusstseins im Konflikt miteinander. Sie streben unterschiedliche Ergebnisse an oder haben Vertrauen in entgegengesetzte Dinge. Das führt zu einer Kollision in deiner Außenwelt, die überaus schmerzlich sein kann. Schmerz zeigt dir, dass du irgendwo in deinem Bewusstsein kein Vertrauen in und keinen Glauben an dich selbst hast und dass du die Kraft deines Geistes in einer leidvollen Richtung eingesetzt hast. Wenn du dir selbst gegenüber nicht aufrichtig bist und treu bleibst, kannst du es auch nicht gegenüber anderen Menschen sein.

Unzufriedenheit

Wusstest du, dass deine Unzufriedenheit deine Schuld verbergen will?

Unzufriedenheit, Beschwerden und Anklagen gehen auf Urteile zurück, und jede Form von Urteil (nicht nur Vorurteile und Verurteilungen) versteckt immer eine Schuld. Wenn du dich unschuldig fühlen würdest, würdest du um dich herum auch nur Unschuld sehen. Du würdest jeden Angriff einfach als einen Hilfeschrei verstehen.

Jede Unzufriedenheit ist eine Entschuldigung, jede Beschwerde ist ein Vorwand für die Sucht nach Befriedigung oder Unabhängigkeit. Beide hindern dich daran zu empfangen, sie versetzen dich in die Rolle eines Opfers und trennen dich immer mehr von den anderen.

Wenn du unzufrieden bist oder eine Klage führst, bist du deinem Tun gegenüber blind. Du fühlst dich überlegen und leugnest, dass du lediglich deine eigenen Schuldgefühle auf deine Umwelt projizierst.

Wenn du wirklich aufrichtig mit dir selbst wärst und deine negativen Muster endlich auflösen wolltest, bräuchtest du dich nur mit allem Ernst für das entschuldigen, was andere deiner Ansicht nach getan haben. Das würde bewirken, dass du wieder in Berührung mit dem kommst, was du zuvor abgelehnt hast. Gleichzeitig würde es dich erlösen.

Wusstest du, dass deine Unzufriedenheit und deine Verurteilungen anderer dich selbst attackieren?

Alles, was du einem anderen Menschen antust, tust du zuerst dir selbst an. So, wie du Liebe erfahren musst, um sie geben zu können, wandern auch deine Urteile und Angriffe zuerst durch dich hindurch. Sie wirken immer auch auf dich ein und führen zu Erschöpfung.

Es gibt zwei Arten dieser Selbstangriffe. Fällst du Urteile über dich selbst, dann unterdrückst du sie mit aller Macht und projizierst dein negatives Ich-Bild auf andere.

Die zweite Ebene des Angriffs zeigt sich, wenn du andere Menschen betrachtest, sie für das verurteilst, was du auf sie projiziert hast, und sie dann angreifst. Da du die Welt durch deine Ich-Vorstellungen wahrnimmst, sind es die Glaubenssätze über dich selbst, die die Welt um dich herum erschaffen – es ist alles eine Spiegelung deines Geistes. Wenn du irgendjemanden oder irgendetwas in dieser Welt angreifst, attackierst du nur dich selbst.

Jede Unzufriedenheit, die du zulässt, jede Beschwerde, die du vorbringst, wird in einem Spiegel erzeugt. Wenn du daran festhältst, nimmt das daraus folgende Unglück kein Ende – du wirst ein bereits bestehendes Negativmuster immer weiter verstärken.

Wenn du andere angreifst, ist ein Teufelskreis von Angriff und Eigenattacke das Ergebnis. Das führt dazu, dass dein Bewusstsein noch stärker aufgespalten wird. Das trägt zu einer wiederum vertieften Empfindung von Getrenntheit bei und so zu einem neuerlichen Mangel an Erfolg und Liebe.

Unzufriedenheit laugt dich aus, ohne dass du je an die Wurzel des Problems gelangen würdest. Sie ist eine Haltung, die die Verantwortung für das abstreitet, was geschehen ist, indem jemand anderes zum Sündenbock gemacht wird. Beschwerden bestehen darauf, dass andere die Dinge so sehen wie du und dass sie tun, was du von ihnen willst.

Unzufriedenheit ist eine Methode, mit der du versuchst, die Wirklichkeit durch Attacken zu beherrschen. Jeder Angriff ist eine Investition in Angst und Schwäche. Unzufriedenheit lähmt dich und vermindert deinen Selbstwert und dein Selbstvertrauen. Beschwerden verblenden dich und lassen dich das ganze Problem nicht erkennen. Sie blockieren dein Mitgefühl und vergrößern deine selbstgerechte Arroganz.

Urteilen

Wusstest du, dass dich deine Urteile versklaven und dazu führen, dass du etwas oder gar dich selbst opferst?

Jedes Mal, wenn du urteilst, trennst du dich von dem Menschen oder der Situation, um die es geht – du fühlst dich überlegen. Es ist unumgänglich, dass dich dieses Gefühl in den Teufelskreis von Überlegenheits- und Minderwertigkeitsgefühlen führt.

Wenn du etwas tust, um überlegen zu sein, kompensierst du damit Minderwertigkeitsgefühle. Kompensationen verhindern, dass du empfängst, und deshalb fühlst du dich, als ob du etwas opfern müsstest, um den anderen zu tragen. Wenn du in der unterlegenen Position bist, opferst du dich auf, um dir selbst dadurch Wert zu geben und um überhaupt in einer Beziehung sein zu können.

Sobald du Situationen oder Menschen beurteilst, stellst du deine Ansicht als richtig hin. Du lässt dich vielleicht sogar dazu verführen, zu beweisen, dass sie falsch liegen. Wenn du eine Situation selbstgerecht beurteilst, machst du sie schlecht und trennst dich von ihr. Indem du urteilst, blockierst du dich in der Situation so, wie du sie siehst. Aber du bist es, der unter den Folgen leiden wird.

Urteile behindern deine Intuition und Inspiration. Sie halten dich vom Energiefluss fern, indem sie dein Bewusstsein einschränken und deine Anpassungsfähigkeit begrenzen.

Die Alternative besteht darin, zu segnen und zu helfen. Dann wird, was sonst ein Urteil wäre, zur Unterscheidung und zu einer Gelegenheit, festzustellen, was du wirklich tun kannst, um zu helfen.

Verantwortung

Wusstest du, dass die Verantwortung, die du übernimmst, dich zu deiner Kraft führt und deiner Umwelt hilft?

Verantwortung wird aus Einfühlungsvermögen, Integrität und bewusster Entscheidung gebildet. Verantwortung ist einer der großartigsten Faktoren der Reife und Evolution in deinem Leben. Verantwortung bedeutet, wahrzunehmen und zu erkennen, was nötig ist, und bereit zu sein, auf den Hilferuf einzugehen.

Verantwortung wägt, misst und prüft dich. Sie macht dich stärker und fördert deine Effizienz. Eine Zunahme an Verantwortung ist eine Zunahme an echtem Mitgefühl. Es ist die wahre Antwort auf die Herausforderungen, denen du dich stellen sollst. Dabei lässt sie nicht zu, dass Forderungen, die nicht zu dir gehören, dich gefangen nehmen, aufhalten oder blockieren.

Verantwortung schenkt dir mehr Bewusstsein über dich selbst und macht dich sensibel gegenüber der Umwelt. Indem du als Antwort auf einen Hilferuf gibst, erkennst du dich selbst und andere in deinem Geben. Je größer deine Verantwortung ist, desto größer ist dein Bewusstsein.

Wenn du wirklich verantwortlich bist, bist du auch wirklich sorgenlos – du hast weder die Sorglosigkeit der

Unnsensibilität noch jene der Dissoziation, noch die Schwere, dir übermäßig Sorgen zu machen. Echte Verantwortung vermeidet auch das falsche Mitgefühl der Aufopferung, die dich ganz unnötig mit falscher Hilfsbereitschaft belasten würde, während sie die Gnade verpasst, die zur Verfügung steht.

Verantwortung ist der elegante Ausdruck von Einfühlungsvermögen, der aus Empathie entsteht. Sie ist die Integrität, auf das einzugehen, was du aufgerufen bist zu tun, und die Entscheidung, dich selbst einzusetzen und zu geben, um etwas zu bewirken.

Verflechtung (Interdependence)

Wusstest du, dass du in die Tiefen deines Unbewussten blicken und dessen Gaben zurückbringen kannst, wenn du im Verlauf deiner Entwicklung das Stadium der Interdependenz, der Verflechtung, erreicht hast?

Das Wesen von gegenseitigen Verflechtungen beruht auf Ebenbürtigkeit und gemeinsamem schöpferischen Tun mit einem Partner und allen anderen Wesen in der Umgebung. Interdependenz ist ein Entwicklungsstadium, das sich ergibt, wenn deine maskulinen und femininen Seiten ausbalanciert werden. Sie führt zu Ausgewogenheit und Kooperation.

Wenn du deine Opferbereitschaft aus der Phase der simplen Abhängigkeit und die Dissoziation und Kompensation der Phase der Unabhängigkeit geheilt hast, entwickelst du im Stadium der Interdependenz Führungsqualität, Vision und Meisterschaft – zuerst für dich selbst und dann mit deinen Partnern. Dieser Prozess öffnet unbewusste Schichten für die Möglichkeiten zu heilen. Wenn du damit durchbrechende Erfahrungen gemacht hast, wirst du Gaben und Fähigkeiten auf der Seelenebene entdecken.

Nur aufgrund von Partnerschaft mit anderen und mit dem Himmel kannst du in diesem Stadium bereit sein, dir die Tiefe des Schmerzes, die scheinbaren Risiken und die Wechselfälle des Unbewussten wirklich anzuschauen. Aufgrund der Stärke der gegenseitigen Verflechtung kannst du den Willen aufbringen, die Dämonen, Drachen und auch die Schätze deines Unbewussten zu erkunden. Du kannst große Geschenke zurückbringen und beginnen, auf einem Weg voranzuschreiten, der dich schließlich zur Spiritualität konsequenter Abhängigkeit führt und zur Erinnerung an jene Einheit, die mit der Erleuchtung einhergeht.

Interdependenz ist eine Phase, in der du für deine Umwelt und die Menschheit Wesentliches leisten kannst. Dann wird auch deine Beziehung anfangen, solche Schritte zu unternehmen und Beiträge zum Wohle aller zu leisten und so die Umwelt zu inspirieren. Am Ende verströmt ihr Vision und Gnade, während ihr euren Weg zur Einheit zusammen findet.

Vergebung

Wusstest du, dass dich Vergebung von deinen eigenen Schuldgefühlen befreit?

Vergebung ist das grundlegende Prinzip der Heilung, das dich befreit und glücklich macht. Es transformiert Traumata in Weisheit, Reife und Schönheit. Es ist ein Sprungbrett, von dem aus du ins wahre Leben startest.

Vergebung gibt dir dein Herz und deine Kraft zurück, und sie besitzt die Macht, auch die Situationen zu verwandeln, in denen du vergibst. Sie beendet die Abkehr vom Leben, die deinen Schmerz und deine Schuld begleitet, weil dich Vergeben wieder in Berührung mit den fließenden Lebenskräften bringt. Vergebung lässt endlich wieder die Verbundenheit zu, die dir erlaubt, Liebe zu erfahren und mit Leichtigkeit Erfolg zu haben. Vergebung demonstriert eine wenig bekannte Wahrheit: In Wirklichkeit vergibst du anderen das, was du glaubst, selbst getan zu haben.

Es ist unmöglich, anderen die Schuld zuzuschieben oder sie zu verurteilen, ohne zuvor eigene Schuld gespürt zu haben. Vergebung hilft dir, die Menschen um dich herum zu befreien, während sie dir selbst hilft, dich von deinen versteckten Schuldgefühlen und Eigenaggressionen zu lösen.

Verlust

Wusstest du, dass du nichts verlieren kannst, was du wirklich vollständig wertschätzt?

Du unterstützt das, was du wertschätzt, auf vielen Ebenen, auch einer energetischen Verbindungslinie des *Bonding*, die dich ganz mit den Personen, Situationen oder Dingen zusammenbringt. Je inniger deine Verbindung mit etwas ist, desto geringer ist die Wahrscheinlichkeit, dass du es verlierst.

Was du für wertvoll erachtest, damit identifizierst du dich, und das beanspruchst du als zu dir gehörig. Es ist natürlich schwierig, etwas anderes gänzlich zu schätzen, wenn du dich selbst nicht als wertvoll erachtest.

Jedes Mal, wenn du einen Verlust erleidest, wirst du dazu aufgerufen, etwas loszulassen, das dich nicht wirklich gestärkt hat. Wenn du etwas außerhalb deiner selbst nötig hast, dann wertest du dich selbst ab, was dich wiederum stärker dem Risiko aussetzt, Verlust zu erfahren. Wenn du etwas nötig hast, neigst du dazu, es zu verlieren, weil deine Seele dir beizubringen versucht, dass du nichts wirklich brauchst, was nicht schon in dir vorhanden ist.

Verschwörungen des Ego

Wusstest du, dass dein Ego idiotensichere Fallen aufgestellt hat, um dich daran zu hindern, deinen Lebenszweck zu erfüllen?

Dein Ego benutzt Verschwörungen, die fürchterlich schmerzen und sogar lebensbedrohend sein können, um sich selbst zu stärken und seinen eigenen Fortbestand zu sichern. Solche Ego-Verschwörungen lenken dich ab und verzögern deine Entwicklung. Sie blockieren deine Fähigkeiten und verbergen deinen Lebenssinn. Sie stellen unbewusste Fallen dar, die deine Seelengaben behindern, deine Kraft und deine Erfüllung. Sie halten dich in einer Art Eigenfolter gefangen.

Du bist einer aktiven Verschwörung auf der Spur, wenn du einem Problem begegnest, das extrem kompliziert und schwierig aussieht und wahrscheinlich auch einen Großteil deiner Zeit verbraucht. Verschwörungen sind so angelegt, dass sie keine Lösung erkennen lassen. Aber bereits die Tatsache, dass du es erkennst, wenn sich dein Ego in eine Verschwörung vergraben hat, lässt den Beginn der Befreiung ahnen. Verschwörungen sind von Leugnung abhängig und von einem Mangel an Bewusstheit darüber, dass sie überhaupt bestehen. Sobald du Bewusstheit, Wahlfreiheit und Gnade in eine problematische Situation einbringst, wird all das, was zur Lösung oder Heilung notwendig ist, sich manifestieren – sogar Wunder geschehen dann.

Verschwörungen gehören zu den besten Waffen, die dein Ego besitzt. Deine Wachheit und Bereitschaft, in deinem Leben vorwärts zu gehen, kann jedoch die Neigung des Ego, die Entwicklung zu verzögern, zu verhindern und dich in Eigenattacken zu stürzen, überwinden. Es gibt kein Problem, das vor Gott bestehen kann. Die Gnade, die für den Sprung nach vorn notwendig ist, steht in jeder Situation zur Verfügung.

Verständnis

Wusstest du, dass du derjenige bist, der missversteht, wenn du dich missverstanden fühlst?

Wenn du dich von deinen Eltern nicht verstanden gefühlt hast, ist das ein sicheres Zeichen dafür, dass du nicht verstanden hast, was bei ihnen los war: Die Anforderungen, denen sie sich stellen mussten, den Stress, den sie hatten, das emotionale Erbe, das sie von ihren Eltern übernommen hatten, und so fort. Wenn du erst einmal deine Eltern verstehst, gibt es keine Notwendigkeit mehr für Vergebung, und du fühlst dich natürlich selbst auch verstanden. Das beseitigt die emotionale Distanz zwischen euch und stellt die Verbundenheit wieder her. Falls du deinen Eltern gegenüber hart bist, wirst du dir gegenüber noch härter sein.

Du urteilst nur, wenn du nicht verstehst. Deine Beurteilung verbirgt deine geheime Schuld und deine Versagensängste. Das Licht, in dem du deine Eltern siehst, wird dasselbe Licht sein, in dem du dich siehst.

Verständnis bringt dich anderen Menschen näher, und das führt natürlich auch zu einer Grundlage besseren Verstehens. Wie das Pferd im Buch »The Velveteen Rabbit« (Das samtene Kaninchen) feststellte: »Du kannst nur auf jemanden hässlich wirken, der nicht versteht.«

Versuchung

Wusstest du, dass Versuchung der letzte Trick deines Ego ist, um dich vom nächsten Schritt nach vorn abzuhalten?

Wenn du fast schon bereit bist, den Schritt zu machen, der dir einen großen Erfolg in deiner Beziehung, in der Arbeit oder in deinem Leben ganz allgemein bringen wird, wird dein Ego versuchen, dich auf irgendeine Weise zu verführen und davon abzulenken. Ein deutliches Beispiel dafür gibt es in der Beziehung zu deinem Lebenspartner. Kurz bevor du mit deinem Partner eine neue Ebene erreichst und ein Schritt erfolgt, bei dem dein Partner eine wunderbare, attraktive neue Eigenschaft oder Gabe entwickeln könnte, wirst du in Versuchung geführt, dich einem anderen Menschen zuzuwenden, der diese Gabe schon hat.

Dein Ego möchte deinen Evolutionsprozess umlenken oder zumindest verzögern, um sich selbst zu stärken und seine eigene Existenz zu sichern. Wenn du der Versuchung verfällst, wird das eine Spaltung in deinem Geist bewirken, bei der eine Seite deinen Partner repräsentiert und die andere die Verführung. Je mehr emotionale Turbulenzen, Schuld und Bedauern du in deinem Geist hast, desto stärker wird dein Ego.

Wenn du deine Energie, Vorstellungskraft, Aufmerksamkeit und Verbindlichkeit auf deinen Partner ausgerichtet hältst, auf deine Lebensaufgabe, dein Geschäft und die anderen Dinge, die für dich wichtig sind, werden die Versuchungen dich nicht anziehen. Während du an ihnen vorbeigehst und deinen nächsten Schritt nach vorn machst, werden sich die Eigenschaften und Möglichkeiten, die dich in Versuchung geführt haben, in deinen als wahr erkannten Lebenswelten auch und schöner zeigen. Auf diese Weise kannst du deine Zeit, Energie und deine Gefühle darauf konzentrieren, dein Leben in einer glücklichen und erfolgreichen Richtung aufzubauen.

Vertrauen

Wusstest du, dass es nichts gibt, was Vertrauen, die positive konzentrierte Kraft des Geistes, nicht heilen könnte?

Du musst die Kraft deines Geistes in irgendeiner Richtung einsetzen. Wenn du sie nicht in ein positives Ergebnis investierst, wirst du deinen Glauben in irgendein widriges Ereignis setzen. Vertrauen wirkt auf paradoxe Weise. Du kannst anfangen, alles Negative zu transformieren, indem du dein Vertrauen da hineinsetzt, indem du deinen Geist darauf ausrichtest, dass trotz der Umstände, wie sie im Augenblick aussehen, ein positives Ergebnis gesichert ist.

Dein Glauben transformiert die Angst, die Sorgen, negativen Gedanken, Beurteilungen und eitlen Wünsche, die eine unangenehme Situation erst erzeugen, und er beginnt, eine positive Wirklichkeit zu erschaffen. Das wendet alles, was immer auch geschieht, ins Positive.

Vertrauen ist eine bewusste, positive Wahl, die du triffst, um deinen Geist auf konstruktive Weise zu gebrauchen. Vertrauen ist eines der größten Prinzipien von Heilung.

Vision

Wusstest du, dass die Menschen ohne Vision verderben? (Das sagt auch schon die Bibel.)

Vision ist eine hohe Ebene kreativen Bewusstseins, auf der du Antworten erhältst, den Weg überblickst und dich auf einer ganz neuen Ebene hinzugeben lernst. Sie hebt dich über Hindernisse und die einäugige Wahrnehmung von Problemen empor, so dass du den Weg zu einem positiven Ergebnis erkennen kannst. Vision stellt dich über deine Muster aus der Vergangenheit, die Probleme erzeugen, und hilft dir, geniale und einzigartige Antworten zu entdecken. Sie erschließt die Archetypen des Künstlers, des Helden, des Stars und des Genies, um dir den Weg aufzuzeigen und dich auf ihm voranzuführen. Vision hilft dir, deine Lebensaufgabe zu erfüllen, indem sie dir einen Sinn in einer sinnentleerten Welt bietet. Sie trägt dich über die Naturgesetze hinaus, um dir zu zeigen, was möglich ist.

Vision ist die positive Zukunft, die in den gegenwärtigen Augenblick zurückreicht, um dich von den Fesseln der dunklen Vergangenheit zu befreien. Vision entsteht durch die intensiv gefühlte Absicht, auch in scheinbar unmöglichen Situationen den Weg zu finden. Sie ist nichts, was man machen kann; sie ist nichts, was du tust; sie ist etwas, das dich macht.

Vision ist ein Akt der Transzendenz. Sie ereignet sich im Stillen, wenn sich dein Geist geöffnet hat und du dich von der Vision selbst davongetragen fühlst. Sie fängt an, wenn du empfängst und dann das gibst, was du erhalten hast, um den Weg nach vorn zu weisen.

Vision ist wie ein Leuchtturm. Sie sichert dich und zeigt dir den Weg nach Hause.

Wahrnehmung

Wusstest du, dass du nichts anderes als deine Vergangenheit sehen kannst, wenn du nicht glücklich bist?

Nur wenige Menschen leben wirklich in der Gegenwart. Dein Ego möchte, dass du die Gegenwart meidest und über sie hinweg in die Zukunft springst. Wenn du ganz in der Gegenwart bist, bist du mit deinem Herzen verbunden. Nur das allein erlaubt dir, Liebe und Glück zu erfahren.

Wenn du ganz in der Gegenwart bist, bist du glücklich. Dein Geist ist ruhig. Du bist in Frieden. Deine Bewusstheit und Intuition wirken auf einer hohen Ebene. Wenn du dich schlecht fühlst, überträgst du negative Gefühle und andere nicht abgeschlossene Angelegenheiten aus der Vergangenheit in die Gegenwart.

Wenn du eine Situation aus der Vergangenheit nicht abgeschlossen hast, trägst du neben all den ungelösten Gefühlen aus jener Erfahrung, den Schmerzen des gebrochenen Herzens, der Eifersucht und Rache auch noch die Schuld mit dir herum. Die Emotionen der längst vergangenen Begebenheit werden in dein Alltagsbewusstsein zurückgebracht, um dich zu zwingen, dass du dich endlich damit beschäftigst. Es ist in deinem Interesse, diesen alten Schmerz aufzulösen, weil er es ist, der dein Ego stark macht und dich vom Empfangen abhält und davon, Frieden und Lebensfreude in dir selbst zu spüren.

Wenn du den gegenwärtigen Augenblick ohne Einfluss der Vergangenheit erleben könntest, würdest du Freude fühlen. Dein Ego baut seine Trennung durch Leid auf, es schmilzt aber im Angesicht von Freude dahin.

Du blickst auf deine Zukunft mit den Augen deiner Vergangenheit. Das lässt deine Zukunft Furcht erregend erscheinen – also versuchst du, sie zu verbessern, indem du jetzt schon etwas tust, um sie zu verbessern, um dich darauf vorzubereiten oder sie sicherer zu gestalten. Das kann jedoch nicht funktionieren, wenn du die Vergangenheit nicht heilst und wenn du versäumst, in der Gegenwart zu leben, welche die Schwelle zur Ewigkeit darstellt. Dein Ego erzeugt eine Illusion von Zeit zu seinen eigenen Gunsten, um den Augenblick hinauszuzögern, in dem es sich im Meer der Liebe und der Einheit auflösen muss.

Alle deine schlechten Gefühle haben ihre Wurzeln in der Vergangenheit und beruhen auf irgendeinem Missverständnis, das du mitgetragen hast. Du kannst deinen gegenwärtigen Schmerz als Anzeige dafür gebrauchen, was geheilt werden muss, da die ursprüngliche Wurzel des Problems nun eine erkennbare Form angenommen hat, die Form des Leids. Die Verbundenheit mit anderen Menschen und mit dem Leben, die du verloren hattest, kann jetzt wiederhergestellt werden.

Wechselseitigkeit

Wusstest du, dass jeder in jeder beliebigen Situation gewinnen kann, wenn er die Wahrhheit spricht, bis sich eine Wechselseitigkeit ergibt?

Wenn du Verantwortung für deine Erfahrungen übernimmst und die Wahrheit über deine Gefühle aussprichst, ohne Aggression oder Beurteilung, dann baust du automatisch Brücken. Zurückgehaltene Informationen halten nicht nur dich zurück, sondern verhindern die volle Entfaltung und Entwicklung von lehrreichen Situationen. Informationen, die du nicht mit anderen teilst, halten dich und die Geschehnisse um dich herum fest. Wenn jeder beginnt, seine Gedanken und Gefühle mitzuteilen, wird bislang zurückgehaltene Energie freigegeben, Einsichten scheinen auf, Brücken werden gebaut, Partnerschaften werden möglich, und alle beteiligten Menschen gewinnen ihre eigene Kraft zurück.

Wo Wechselseitigkeit existiert, kümmert man sich um die Interessen aller Menschen. Alle arbeiten als Freunde zusammen, um gemeinsamen einen wirklichen Erfolg zu erlangen.

Widerstand

Wusstest du, dass du die Dinge, denen du dich widersetzt, verstärkst und dass sie damit so lange bestehen bleiben, bis du sie annimmst?

Buddha sagte, dass du, um Erleuchtung zu erlangen, einfach nur nichts zu verlangen und dich nichts zu widersetzen brauchst. Du trennst dich selbst von allem, dem du widerstrebst. Das blockiert den Energiefluss und hindert dich daran, vorwärts zu gehen.

Du bestärkst deinen Glaubenssatz, dass eine Sache negativ sei, jedes Mal, wenn du ihr widerstrebst. Wogegen du auch Widerstand leistest, es wird genau das sein, was du förderst. Je vehementer du dich widersetzt, desto mehr Schmerzen fühlst du. Diese Erkenntnis machen sich Schmerztherapien zunutze, die Menschen mit chronischen Schmerzen helfen, indem sie ihnen Akzeptanz als Lösung nahe bringen.

Indem du lernst zu akzeptieren, was geschieht, wirst du nicht mehr länger emotional festgehalten, du kannst weiter nach vorne gehen. Du musst nicht mögen, was passiert, wenn du es aber annehmen kannst, wird es dich nicht aufhalten. Dein Leben kann sich nur entfalten, wenn du keinen Widerstand leistest.

Erleuchtung ist vollkommene Widerstandslosigkeit, bis du alles so akzeptierst, wie es ist, ohne jedes Urteilen. Sie wird erreicht, indem du alles gibst oder alles vergibst, bis zu dem Punkt, an dem alles, was du siehst, sich als Licht und Liebe offenbart. An diesem Punkt ist alles, was du siehst, Gott.

Wunder

Wusstest du, dass du die Gabe hast, Wunder zu wirken?

Jeder besitzt die Fähigkeit, Wunder wahr werden zu lassen. Du hast diese Fähigkeit wahrscheinlich, wie die meisten Menschen, in dein Unbewusstes abgedrängt und hast jetzt keine Idee davon, dass sie überhaupt existiert. Und doch kann das, was auf ganz natürliche Weise dein Eigen war, wiederentdeckt werden, und du kannst erneut eine positive geistige Einstellung zu Wundern erlangen.

Ein Wunder ist Gottes Antwort auf die Fallen und Zwickmühlen, in die du geraten bist. Wunder ereignen sich als eine Folge der Liebe und der Macht Gottes, indem sie durch deine Liebe jemandem zuströmen, der in Not ist. Das hat die Wirkung, euch beide zu erheben.

Wunder setzen die Naturgesetze von Zeit und Raum außer Kraft und legen eine Situation in Gottes Hände. Wunder sind Geschenke, die zu dir kommen oder die durch dich wirken. Und sie sparen eine ganze Menge an Zeit und Entwicklungsarbeit.

Wunder erinnern dich daran, dass du ein Kind Gottes bist und nur das Allerbeste verdienst. Sie heben dich auf eine spirituelle Ebene und lassen dich erkennen, wer das ist, zu dem zu dich entwickelst.

Zentrierung (Centering)

Wusstest du, dass du dein Zentrum finden kannst, auch ohne zu meditieren?

Centering ist eine Technik der Psychologie der Vision, die sich besonders gut bei der Auflösung von Problemen, Traumata und dem posttraumatischen Stresssyndrom bewährt hat. Bei dieser Zentrierung stellst du den Frieden und die verloren gegangene Verbundenheit wieder her. Wenn du ganz in deinen Schmerzen versunken bist, kannst du diese Methode anwenden, um die einzelnen Schichten der Emotionen zu bearbeiten, bis von der ursprünglichen Problematik nichts mehr übrig ist. Stattdessen bleiben dir Liebe, Erfolg und die Fähigkeit, dich wirklich zu verbinden.

Auf diese Weise die eigene Mitte zu finden ist vor allem gut geeignet, um Gefühle von Wertlosigkeit, Versagensängste und jene Schuld zu heilen, die aus deiner Familienverschwörung stammt (damit ist das Schuldgefühl gemeint, nicht in der Lage zu sein, die Familie zu retten). Sich zu zentrieren basiert auf der Hilfe aus deinem Höheren Bewusstsein, jenem schöpferischen Teil deines Geistes also, der alle Antworten beinhaltet, die du brauchst.

Mit der Technik des *Centering* beginnst du ein Problem oder Trauma zu visualisieren und erkennst dabei, dass es zum einen viele Facetten besitzen kann und sich zum anderen als als Ergebnis eines lang anhaltenden Themas oder Musters entwickelt hat. Nun bittest du einfach deinen Höheren Geist, dich in deine Mitte zurückzubringen, und achtest dabei auf die feinen Veränderungen, die das auf die visualisierte Situation bildlich oder gefühlsmäßig hat. Dann bittest du deinen Höheren Geist, dich auf das nächsthöhere Zentrum zu führen. Manche Traumata oder Probleme machen es nötig, dass du zu einer ganzen Reihe von Zentren zurückgehst, bevor sich Anzeichen von Heilung bemerkbar machen. Diesen Zentrierungsprozess kannst du fortsetzen, bis jeder in der vorgestellten Szenerie glücklich und liebevoll ist oder bis das gesamte Bild vollständig friedlich, fröhlich und sogar von Licht erfüllt ist.

Zwickmühlen

Wusstest du, dass es eine einfache Lösung gibt, wenn dich eine Schwierigkeit gefangen hält und dich die Unentschlossenheit zerreißt?

Zwickmühlen zeigen dir nichts anderes als eine geistige Spaltung. Es sind Fallen, die dein Ego benutzt, um dich zu behindern, um deine Entwicklung zu verzögern und seine eigene Vorherrschaft zu bewahren. Dein Alltagsbewusstsein kann in einer Situation hin- und herschwanken und unfähig sein, zwischen Alternativen oder Richtungen zu wählen, die gleichwertig erscheinen, aber gegensätzlich sind.

Der Schlüssel besteht darin, mit dem Versuch aufzuhören, eine der Optionen zu wählen. Verpflichte dich stattdessen der Wahrheit, verpflichte dich dem nächsten Schritt. Während du so vorwärts gehst, wird sich deine Unentschlossenheit auf ganz natürliche Weise auflösen, und die Spaltung in deinem Bewusstsein wird geheilt. In der Folge verändern sich die äußeren Umstände, um dir das Beste beider Seiten anzubieten.

Alles, was du brauchst, um eine Zwickmühle aufzulösen, ist der Mut, Veränderung zu erlauben. Dann wird die Antwort zu dir kommen.

Dank

Wir möchten allen Studenten der *Psychology of Vision* danken sowie all denen, die zu uns kamen, bevor wir diese neue psychologische Schule so nannten. Ihr habt uns in den vergangenen dreißig Jahren geholfen, das zu lernen, was wir jetzt lehren.

Wir beide danken auch für all das, was wir vom *Kurs in Wundern* gelernt haben. Das meiste, was wir unterrichten, entspringt dem *Kurs* und wurde durch unsere Erfahrung überprüft und erhärtet. Manches basiert auch auf Prinzipien, die wir selbst entdeckten und die uns dann später, als wir den *Kurs* intensiver studiert hatten, durch diesen bestätigt wurden.

Wir danken Charlie Netherton für seine Gabe, das Manuskript sachverständig und fröhlich zu redigieren.

Wir danken unseren Kindern Christopher und J'aime für ihre unverbrüchliche Liebe und ihre Unterstützung. Dieses Buch verdankt ihnen genauso viel wie uns.

Möge dich dieses Buch in deiner Kraft stärken, frei zu sein und die Liebe zu erfahren, die du verdienst.

Chuck und Lency Spezzano
November 2002

Anmerkungen zu den Begriffen

Die beiden Autoren Chuck und Lency Spezzano sind ihren Anhängern vor allem durch ihre charismatischen Auftritte und intensiven Seminare bekannt. Dort machen sie die Anwesenden natürlich auch mit ihrem spezifischen Vokabular in der englischen Sprache bekannt. Die Übertragung dieser Begriffe ins Deutsche macht an manchen Stellen ein paar erklärende Worte nötig.

Die folgende Übersicht stellt die deutschsprachigen Begriffe, die die Essenz dieses Buches sind, dem jeweiligen Original gegenüber. Kurze Anmerkungen dazu verdeutlichen das Wesen einzelner Schlüsselbegriffe, bei denen die allgemein damit verbundene Bedeutung doch von dem Sinn abweicht, den Chuck und Lency Spezzano in jahrelanger theoretischer und praktischer Therapietätigkeit hinter den Fassaden der Alltagssprache entdeckt haben.

Ablehnung	Rejection
Abwehrmechanismen	Defense Mechanisms
Akzeptanz	Appreciation
Anerkennung	Recognition
Angst	Fear
Anklagen	Complaining

Aufopferung — Sacrifice
Augenkontakt — Eye Contact
Autoritätskonflikt — Authority Conflict
Bedürfnisse — Needs

Wird hier meist als eher zwanghaftes Verlangen verstanden und nicht als »echtes« Bedürfnis wie im Deutschen.

Beschleunigung — The Speedup
Besonderheit — Specialness
Beziehungen — Relationships
Bonding — Sich verbinden

Bonding, d. h. verbinden, sich verbunden wissen und halten, Verbindung suchen. Bonding bedeutet Liebe und Erfolg voller Leichtigkeit. Bonding ist ein Fundament, das gleichzeitig Wurzeln und Flügel verleiht. Im und durch Bonding kann die freie Verbindung mit göttlicher Gnade erfahren werden.

Chakras — Chakras
Depression — Depression
Das Dreieck — The Triangle
Dreiecksbeziehungen — Triangle Relationships
Ego — The Ego
Eifersucht — Jealousy
Eigenverantwortlichkeit — Accountability
Einfühlung — Empathy
Einssein — Oneness
Elternschaft — Parenting
Emotionale Evolution — Emotional Evolution
Emotionen — Emotions
Empfangen — Receiving
Entscheidung — Choice

Der Begriff choice ist meist eher als Entscheidung denn als Wahl oder Auswahl gemeint und wird entsprechend übertragen.

Ererbte Muster	Ancestral Patterns
Erwartungen	Expectations
Die Evolution der Gesellschaft	The Evolution of Society
Familie	Family
Freunde helfen Freunden	Friends Helping Friendes
Freunde in höheren Ebenen	Friends in High Places
Frühere Leben	Other Lifetimes
Führungskunst	Leadership
Fülle	Abundance
Geben	Giving
Geist	Mind

Mind kann viele Bedeutungen haben und wird hier in der Regel mit Geist, bisweilen auch mit Bewusstsein übertragen.

Gespaltener Geist	Split Mind

Hat auch mit dem psychologischen Begriff der »Dissoziation« zu tun.

Glaubenssätze	Beliefs
Glück	Happiness
Gnade	Grace
Der göttliche Plan	Heaven's Plan
Heilung	Healing
Helferrolle	Helper Role
Herzbruch	Heartbreak

Der Begriff »Herzbruch« weist über »gebrochene Herzen«, über Liebesschmerz und Herzeleid hinaus. Er bezeichnet ausdrücklich auch dauerhafte und tief gehende emotionale Verletzungen und nicht nur passives Erleiden, sondern auch aktives Zufügen.

Hingabe	Commitment
Höhere Blickwinkel	Higher Perspectives

Höheres Bewusstsein	Higher Consciousness
Idole	Idols
Integration	Integration
Introjektion	Introjection

Leid anderer aufnehmen bzw. sich »injizieren« lassen (Bezug zum Begriff Projektion).

Intuition	Intuition
Jobprobleme	Work Problems
Joining	Verbundenheit

Joining, dieser Begriff entstammt dem »Kurs in Wundern«. Er bezeichnet die Bereitschaft zu und die Erfahrung von geistiger Gemeinsamkeit, Einheit und Intimität oder Nähe. Joining ist in der Psychologie der Vision auch eine Methode, um diese Erfahrungen durch intensiven, unmittelbaren und längeren Augenkontakt zu einem anderen Menschen zu erreichen. Dann wird Joining zu einer Übung, um Liebe für sich selbst, Liebe zu einem anderen und göttliche Liebe zu erleben und damit zu heilen.

Kindheit	Childhood
Konkurrenz	Competition
Konsequente Abhängigkeit	Radical Dependence
Krankheit	Illness
Langeweile	Boredom
Lebensaufgabe	Purpose
Lebensgeschichten	Life Stories
Liebe	Love
Loslassen	Letting Go
Machtkampf	Power Struggle
Mangel	Scarcity
Manifestieren	Manifesting
Meisterschaft	Mastery
Missbrauch	Abuse

Nehmen	Taking
Ödipuskomplex	Oedipus Complex
Opferrolle	Victimization
Auch: jemanden anderen zum Opfer machen	
Persönlichkeiten	Personalities
Probleme	Problems
Projektion	Projection
Rache	Revenge
Regeln	Rules
Rollen	Roles
Sabotage	Sabotage
Das schamanische Bewusstsein	The Shamanic Mind
Schicksal	Destiny
Schmerz	Pain
Schuld	Guilt
Schuldzuweisung	Blame
Sex	Sex
Sicherheit	Safety
Sinn	Meaning
Spirit	Spirit
Bezeichnet Seele, Geist usf. im höheren Sinne.	
Spiritualität	Spirituality
Strategien des Ego	Ego Strategies
Die Entwicklung von Ereignissen – das Tao	The Unfolding of Events – the Tao
Therapie	Therapy
Der tiefere Sinn eines Ereignisses	The Purpose of an Event
Todessehnsucht	Death Temptation

Die tote Zone — The Dead Zone

Auch »Leblosigkeit«, also leblos vor sich hin zu »leben«

Trennung — Separation

Unabhängigkeit — Independence

Independence, *also Unabhängigkeit, wird in der* Psychologie der Vision *als problematisch angesehen. Im Unterschied dazu steht* Interdependence, *was eher gegenseitige Verflechtung als gegenseitige Abhängigkeit meint.* Interdependence *ist ein natürlicher Zustand und wird als heilsam betrachtet.*

Unglück — Unhappiness

Unschuld — Innocence

Untreue — Unfaithfulness

Unzufriedenheit — Grievances

Auch: Beschwerden

Urteilen — Judgement

Verantwortung — Responsibility

Verflechtung — Interdependence

Interdependence *ist ein Begriff, der im Sinne der* Psychologie der Vision *als gegenseitige Verbindung oder Verflechtung einen positiven Zustand bezeichnet. Im Unterschied dazu klingt* Independence *als Unabhängigkeit im Deutschen zwar sehr positiv, es wird aber als abgespalten und beziehungslos, also eher als negativ angesehen.*

Vergebung — Forgiveness

Verlust — Loss

Verschwörungen des Ego — Conspiracies

Verständnis — Understanding

Versuchung — Temptation

Vertrauen — Trust

Vision — Vision

Wahrnehmung — Perception

Wechselseitigkeit	Mutuality
Widerstand	Resistance
Wunder	Miracles
Zentrierung	Centering

Beim Centering geht es um Meisterschaft, um das Sein im Hier und Jetzt, eben in der Mitte nicht nur physisch oder emotional, sondern auch spirituell. Centering ist ein Vorgang, oder besser noch ein So-Sein, bei dem man sich auf einem pfadlosen Pfad befindet und zu einem Kanal für göttliche Gnade wird. Während es mit Hilfe der meisten Meditationsmethoden eine eher längere Zeit dauert, kann man diesen Zustand mit der spezifischen Technik des Centering, die in der Psychologie der Vision entwickelt wurde, die Fähigkeit des höheren Geistes rascher aktivieren. Centering führt dann zu einer natürlichen Wieder-Verbundenheit, einem natürlichen Joining.

Zwickmühlen	Dilemmata

Die Autoren und ihr Werk

Chuck Spezzano ist Doktor der Psychologie, M. A. in Soziologie, und B. A. in Psychologie und Philosophie. Er war von 1973 bis 1979 als Psychologe für das *United States Naval Drug Rehabilitation Center* tätig und danach zwölf Jahre lang in der Paar- und Familienberatung. Seit 1980 ist er ein international gefragter Dozent und Trainer. Mit seiner Frau Lency entwickelte er ein bahnbrechendes therapeutisches Modell, das weit darüber hinausgeht, zu »reparieren« – die *Psychologie der Vision* führt die Menschen zu wahrer Kreativität und Vision. Seine zahlreichen, in viele Sprachen übersetzten Bücher enthalten die neuartigen und überaus praktischen Heilprinzipien, auf denen die *Psychologie der Vision* basiert.

Lency Spezzano ist Sozialpädagogin und Psychotherapeutin. Sie gründete und leitete verschiedene Zentren für Taube, mehrfach Behinderte und für lebensbedrohlich kranke Kinder. 1984 verband sie sich mit Chuck, und beide entwickelten die *Psychologie der Vision*. Lency Spezzano ist die Autorin des Buches *Gib den Weg frei für die Liebe. Leitfaden zum Öffnen deines Herzens*; Verlag Via Nova.

Chuck und Lency Spezzano bieten weltweit Seminare zur persönlichen Entwicklung und zu Themen aus dem Geschäftsleben an. In ihrem Zentrum auf Hawaii bilden sie in umfangreichen Programmen Trainer für ihre Methoden aus. Diese unterstützen die Menschen auf der ganzen Welt mit eigenen Seminaren und Einzelsitzungen.

Von Chuck Spezzano sind folgende weitere Bücher erhältlich:

100 Geheimnisse der Liebe. Geschenke zur Heilung der Herzen und zur Vermehrung des Glücks; Integral Verlag
50 Wege, deinen Geist und die Welt zu verändern; Verlag Via Nova
50 Wege, die wahre Liebe zu finden; Verlag Via Nova
50 Wege, sich mit jedem zu verstehen; Verlag Via Nova
Folge dem Ruf deines Herzens; Integral Verlag
Die Geschichte vom kleinen Häschen Liebe; Verlag Via Nova
Glücklichsein ist die beste Vergeltung; Verlag Via Nova
Heilung des Körpers durch den Geist (gemeinsam mit Janie E. Patrick); Verlag Via Nova
Von ganzem Herzen lieben; Integral Verlag
Wenn es verletzt, ist es keine Liebe; Verlag Via Nova

Für weitere Informationen, zum Beispiel über die Ausbilder und Trainer der *Psychologie der Vision*, internationale Veranstaltungen, Veröffentlichungen, interaktive Software und den Online-Service, können Sie die Website der Autoren besuchen:
www.psychologyofvision.com

Begriffsregister